〝普通の人〟だから勝てる
エナフン流株式投資術

会社員投資家
奥山月仁

はじめに

私は普通の会社員です。株式投資を始めたのはかなり早く、高校2年生のときでした。大学では経済学部に入り、ゼミで証券理論を学びました。ですが勝ったり負けたりが続き、資産は一向に増えませんでした。そんな私が株式投資で安定した運用成績を残せるようになり、数億円に及ぶ資産を築くことができたのは、米国の伝説のファンドマネジャー、ピーター・リンチのおかげです。

リンチは、米資産運用大手フィデリティの旗艦ファンド（投資信託）を1977年から13年間運用し、1年当たり平均29％のリターン（運用益）を上げて、ファンドの純資産総額を700倍に増やしました。その彼がアマチュアの個人投資家向けに自身の投資法を解説した本をたまたま手に取ったのです。何度も何度も読み返して、そこに書かれたリンチの投資法を咀嚼し、日本の個別株に応用して売買を実践してきました。そして気が付くと、随分と資産が増えていたのです。

このように私の会社員投資家としての人生に転機をもたらしたリンチの著書『ピーター・リンチの株で勝つ』（ダイヤモンド社）、『ピーター・リンチの株式投資の法則』（同）の2冊は、ぜひ日本の多くの個人投資家に読んでいただきたいと思っています。

もっとも、ひょっとすると、この2冊を読んでもピンとこない方も少なくないかもしれません。まず、2冊に書かれている内容はインターネットが普及する以前の出来事であり、すごく昔の話に感じられます。「世界中の膨大な情報をAI（人工知能）が高速処理して瞬時に売買を繰り返す現代の株式市場でも通用するのか」と、疑問を感じる方がいてもおかしくありません。次に、著者のリンチは株式投資のプロ中のプロです。「アマチュアの個人投資家がまねをしようにもそう簡単にまねできるものではないだろう」と考える方もいらっしゃるでしょう。さらには、紹介されている株式投資の具体例は25年以上も昔の米国企業のものです。既に倒産して現在は存在していない企業も含まれています。今の日本の個人投資家が読んでも、実感が湧かないかもしれません。

そこで、私は自ら実践してきた株式投資について自分で本を書くことにしました。リンチに倣って日本の個別株を売買してきた結果、実際に億単位の資産を築くことに成功した私が、自分なりの目線で日本企業の株を例にしてリンチの投資法のエッセンスを紹介すれば、日本の個人投資家の方々の共感を得ながら参考にしてもらえる本が書けるのではないか。そう思ったからです。

私は常々、日本でも個別株を売買する個人投資家がもっと増えるべきだと考えてきました。株式市場は様々な視点を持った投資家が数多く参加することによって厚みが増し、市場としてより良く機能するようになります。金融のプロだけでなく、自分の仕事や専門分野に精通しているビジネスパーソンの方々が独自の目線で株式市場に参加することが増えれば、株価がより適切になることが期待できます。

実際、恐らく本書を手に取られた方々の多くが、自分の働く業界についてのマスメディアの記事や証券アナリストのリポートを読んで、違和感を覚えた経験をお持ちでしょう。「大きくは間違ってはいないが、一番大事なことが書かれていない」。そんな感想を抱かれたあなたこそが、株式市場に参加すべきなのです。

また、私は周囲の会社員を見て、彼らを勇気づけたいとも思っています。ほとんどの人が「自分がお金持ちになることは一生ない」と諦めてしまっているからです。出世を志しても、ライバルである同僚たちも必死で、一握りの役員に上り詰めることは簡単ではありません。仕事に追われて心を病んでしまう人も少なくありません。そうした目の前の状況にとらわれて、「自分は富裕層と呼ばれるところにはどうやってもたどり着けない」という考えに支配されてしまってはいないでしょうか？　株式投資はそんな人生観を根本から覆すパワーを持っています。

実際、株式投資がうまくいけば、こんなに幸せなことはありません。会社では仕事で成果を上げたからといって、上司が必ず認めてくれるとは限りません。その点、株式市場は完全な実力社会です。あなたが正しく判断して行動することができれば、その努力は全て結果として表れて相応の評価を受けます。手にする報酬も膨大です。仮に50万円で買った株の価格が3倍になれば、100万円も資産が増えます。もし給与だけで収入をさらに100万円増やそうとした場合、一体どれだけの努力を必要とするでしょうか？

株式投資で資産を大きく増やすことができれば、「こんな会社、辞めてやる」と上司に辞表をたたきつけるという選択肢も手に入ります。私自身はこのカードをまだ切ってはいませんので、普通の会社員を今でも続けていますが、「嫌ならいつでも辞められる」という切り札を持つことで肩の力が抜け、仕事から受けるストレスも大きく軽減されたと感じています。さらに株式投資の勉強をすれば、それによって得た知識は、投資だけでなく本業のビジネスにも必ず役に立ちます。

ところで、あなたは今、一体いくら預金をしていますか。銀行が貸出先を探しあぐねている今日のような状況で、あなたが銀行に預けたお金は社会にとって有効に使われているといえるでしょうか。株式投資を通じてこれから成長が期待できる会社に資金を提供することは、確実に社会にとっても意味のある行為です。生きたお金の使い道といえるでしょう。努力が正当に評価されて、自分の人生が勤め先の会社にしばられなくなり、常に新しい学びも得られる。あなたのお金や才能を十分に社会に役立てることができて、しかもリッチな生活を送ることができる。これこそ、理想の人生といえないでしょうか！

不思議なのは、株式投資の扉は誰にも開かれているにもかかわらず、ほとんどの人が近づこうともしないことです。いろいろと原因はあると思います。ただ一つ言えるのは、英語やスポーツなどと違って、株式投資を体系的に学習できる仕組みが日本にはほとんどないことです。専門用語を一通り覚えたら、後は独学と度胸で何とかやっていくしかありません。うまく経験を積んで、自分なりの投資スタイルを構築できる人は少なく、初心者の方の多くは何かをつかむ前に損を繰り返して脱落してしまいます。

そこで本書では、私が考案した「つ・な・げ・よ・う分析」というフレームワークを使って、初心者レベルを突破するための道筋を分かりやすく体系的に示しました。株式投資を始めたものの、なかなかうまくいっていない方、あるいはこれから株式投資を始めようと考えている方、さらに株式投資でそれなりにうまくやっているけれども、一度考えをまとめておきたい方など、多くの方に本書を手に取っていただければ幸いです。

〝普通の人〟だから勝てる
エナフン流株式投資術

「つ・な・げ・よ・う分析」の5つのスキル

つ　強みを知れ
な　流れを知れ
げ　原理を知れ
よ　弱みを知れ
う　ウラを取れ

PART2

な 流れを知る

PART3

げ 原理を知る

PART4

よ 弱みを知る

PART5

う ウラを取る

つなげよう

PART

1

強みを知る

「つなげよう」

アマでも大いに勝てるピーター・リンチ流投資を実践

2年前の2016年。この年はソニー（東1・6758）への集中投資で随分と儲かった。買い始めたのは同年2月。その時、仮想現実（VR）が楽しめる「プレイステーションVR」はほとんど話題に上っていなかった。それどころか、原油価格が1バレル30ドルを割るなど世界景気はどん底の様相を呈し、ソニーの株価はひどく低迷していた。しかし、**上昇相場はいつも総悲観の中で生まれる**。外部環境には目を向けず、思い切って買い向かったのが奏功した。

個人投資家というと、近年は短期トレーダーのイメージが強いかもしれない。私の投資スタイルは真逆だ。会社員なので、日中にパソコン画面に張り付いて株価の変動をチェックし続けることはできない。**短期的な株価の変動は完全に無視して長期保有し、企業の成長や業績回復に伴う長期的な株価の上昇を狙うこと**に徹している。保有銘柄は多くない。通常は**5銘柄前後に集中投資する**。あまり多くの銘柄を持つと、ソニーのようなヒット株に恵まれても、全体に及ぼすプラスの影響が薄まってしまうからだ。少々攻撃的なスタイルかもしれないが、もともと株式投資をしている理由が「余剰資金を使って、今よりもずっとお金持ちになりたいから」であり、納得のいく投資スタイルだと思っている。

一冊の本との出合いが転機に

もっとも、このような投資スタイルを確立するまでには時間がかかった。それまでは勝ったり負けたりが続き、資産は少しも増えなかった。短期トレードやチャート分析も一通り勉強してみたが、私には合わなかった。悩んでいたところ、ある本に出合った。米国の伝説のファンドマネジャーの著書『**ピーター・**

リンチの株で勝つ』（ダイヤモンド社）だ。サブタイトルに「**アマの知恵でプロを出し抜け**」とある。読んでみると、「今の日本市場を説明しているのではないか」と錯覚するほど普遍的で本質的なことが書かれていた。この本が米国で最初に出版されたのは1989年。内容は全てそれ以前の米国の話であるにもかかわらずだ。

「この投資法が現在の日本でも通用するものか、一度、試してみよう。そしてその内容をブログで公開し、広くみんなに知ってもらうんだ！」。そんな思いで2008年5月にブログ「**エナフンさんの梨の木**」を開設。同年7月には100万円の公開運用も始めた。ところが2カ月後にはリーマン・ショックが起きて、あっという間に投資額を70万円まで減らしてしまった。全くもって波乱の幕開けとなったのである。

しかし、それ以降は強かった。リンチは、「**気のめいるような業種の会社は、他人が買いたがらない分、株価が割安に放置されやすい**」と説明する。それに倣って、名古屋で急成長していた葬儀会社のティア（東1・2485）の株を

図1

ソニーと日経平均株価の比較

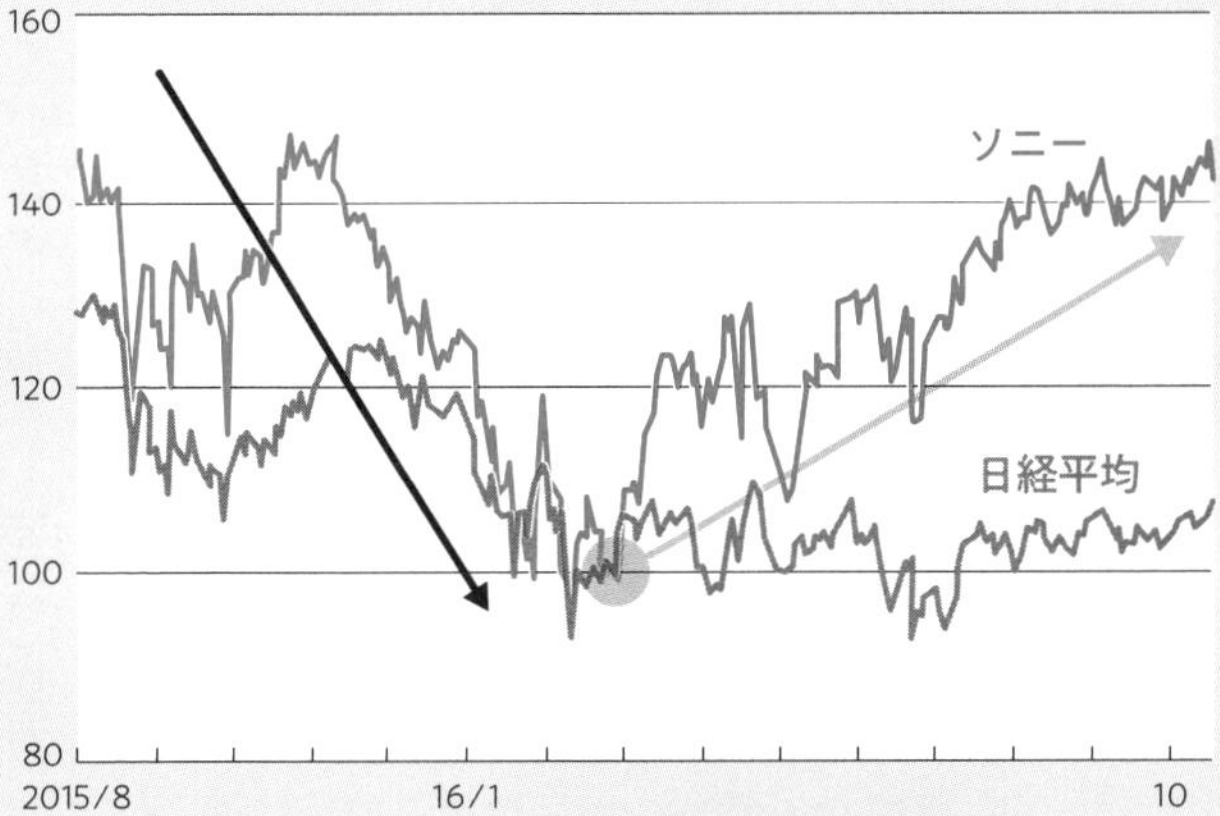

注：2016年2月末日の終値を100として指数化

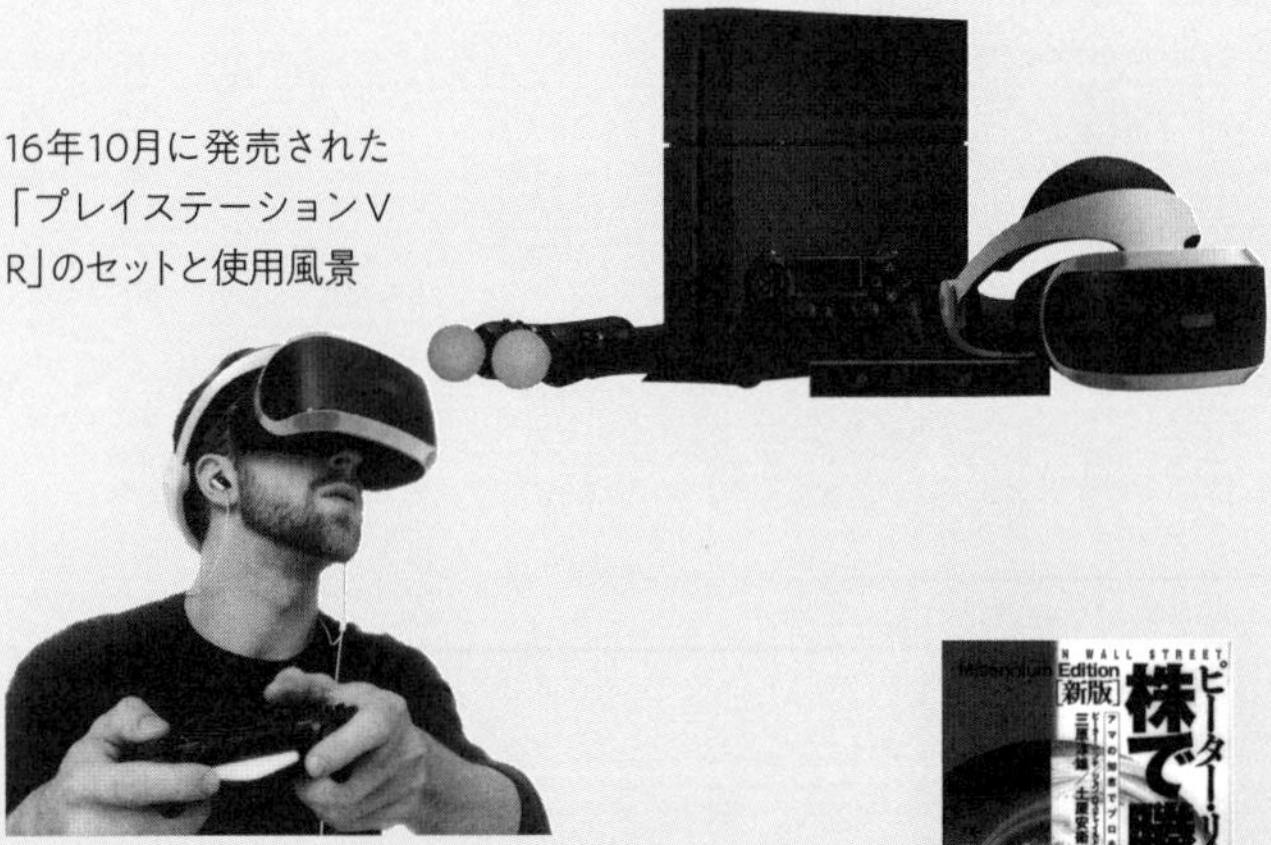

16年10月に発売された「プレイステーションVR」のセットと使用風景

世界的ベストセラーになった『ピーター・リンチの株で勝つ』

買ったところ、たまたま、同じ年にひょんなことから遺体を棺に納める納棺師になった男の葛藤と成長を描いた映画「おくりびと」が大ヒットし、連想でこの銘柄の株価も急上昇した。そのおかげで、相場全体が大低迷に苦しんでいる中、私は最初の1年間を何とかプラスで終わらせることができたのである。

勝利が多くの失敗を帳消しに

次に高騰してくれたのは、低価格のトンカツ専門店「かつや」を展開するアークランドサービスホールディングス（東1・3085）だ。リンチは変に難しい株を買うのではなく、**「身近な銘柄こそが狙い目」**と主張する。全くその通りで、当時はPER（株価収益率）が5倍、PBR（株価純資産倍率）が0・5倍前後と超割安だったこの銘柄は、7年がかりでEPS（1株当たり純利益）を4倍以上に拡大。その利益成長に加えて、割安さの解消が株価を押し上げて結局、底値から20倍という驚異的な大上昇を演じた。他にも医療機器販売のディーブイエックス（東1・3079）の10倍高や、リサイクルショップ

POINT1

割安成長株投資ならアマも勝てる

のトレジャー・ファクトリー（東1・3093）の5倍高（底値からは10倍高だが、見つけるのが遅れて2倍になってから買い向かった）などの勝利が、他の多くの失敗を帳消しにしてくれた。

リンチに倣った投資法の肝は、「**成長が期待できる企業をひたすら探し出して割安さを加味して購入しさえすれば、後はただじっとしているだけで、アマチュアでも大いに勝てる**」という点だ。ただし、シンプル過ぎるこの戦略を実行するのは簡単ではない。欧州金融危機や東日本大震災などで1日に10%単位で資産が減少し、心が折れそうになることも度々あった。そんな経験を踏まえながら、私の投資法のポイントを一つひとつ解説していこう。

つなげよう

10倍にもなる大化け株は〝意外〟な所に潜んでいる

仕事で出張することが多いのだが、全日本空輸（ANA）で九州方面の便を予約しておくと、真っ黒な塗装を施された旅客機に案内されることがある。ANAと共同運航しているスターフライヤー（東2・9206）が保有する機体だ。座席はゆったりしていて、コーヒーにはチョコレートもついてくる。同社のウェブサイトによると、「JCSI（日本版顧客満足度指数）調査」の国内航空業種で9年連続で1位になっているそうだ。

私はユーザーとして満足のいく体験をした時、必ずその会社のことを調べることにしている。**大化け株は大抵とても身近な所に潜んでいるからだ。**もっとも、同社を調べたのは、2016年11月の米大統領選にドナルド・トランプが勝った直後で、為替や原油価格が大きく動いていた。そうした状況で両方の影響を強く受ける航空会社の株を買うのはリスクが高過ぎると感じられるかもしれない。それでも私は「少しだけ買って様子を見る」という判断を下した。

10倍株を逃した苦い思い出

というのも、過去に次のような失敗の経験があったからだ。10年頃に初めてビジネスホテルの「ドーミーイン」に泊まった私は、ワンランク上の部屋と大浴場、そしておいしい朝食に大満足して、ドーミーインを展開している共立メンテナンス（東1・9616）を4500円ほどで買った。株価指標で見てもPER（株価収益率）は10倍前後、PBR（株価純資産倍率）は0・5倍前後と割安な水準だった。しかし、リーマン・ショックの傷跡が残っていた当時の経済状況を考慮して、「デフレに苦しむホテル業界で急成長は難しいだろう」と考えを変え、3割ほど値上がりした時点で売ってしまった。意に反して、同社株はその後も上がり続け、15年12月には5325円まで上昇し、「**テンバガー（10倍株）**」になった。顧客のニーズをしっかりとつかんだ企業が成長軌道に乗った時の株価の上昇には目を見張るものがある。2倍や3倍。共立メンテのように夢の10倍もある。デフレなどの**外部環境のマイナス要因は、長期的に見ればば買い時をもたらしてくれる。**このことも、この失敗で胸に刻んだ。

兼業ならでは利点がある

私は会社員を続けながら株式投資をしているが、「会社を辞めて株式投資に専念した方がもっと儲かるのでは」と思う読者もいるかもしれない。私は必ずしもそうとは思わない。**ある業界のプロとして、ビジネスに精通しながら株式投資をする方が何かと有利な面がある**からだ。

今どきのビジネスパーソンなら、嫌でも会計やビジネスの勉強をしないといけないが、この点はそのまま生かせる。第一線で生の情報と接し続けられる点

図1

スターフライヤーの株価推移

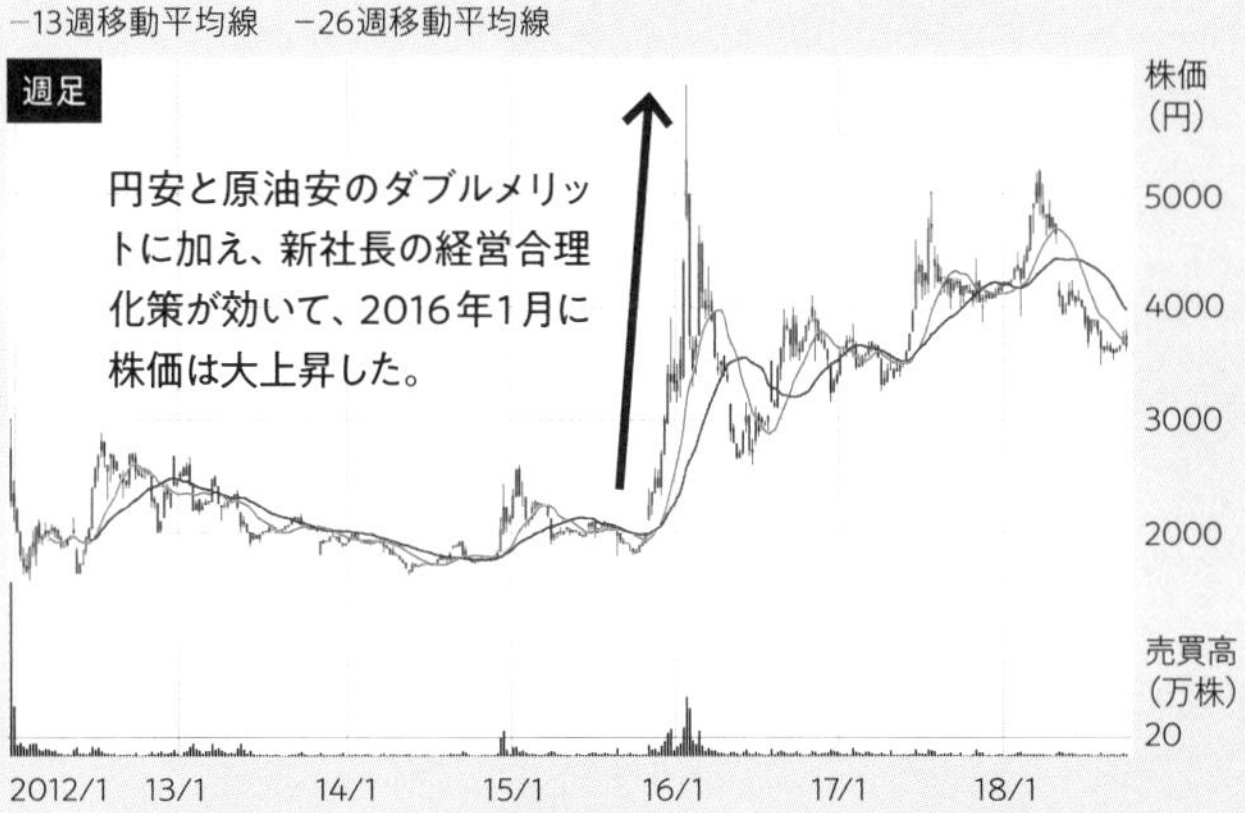

図2

共立メンテナンスの株価推移

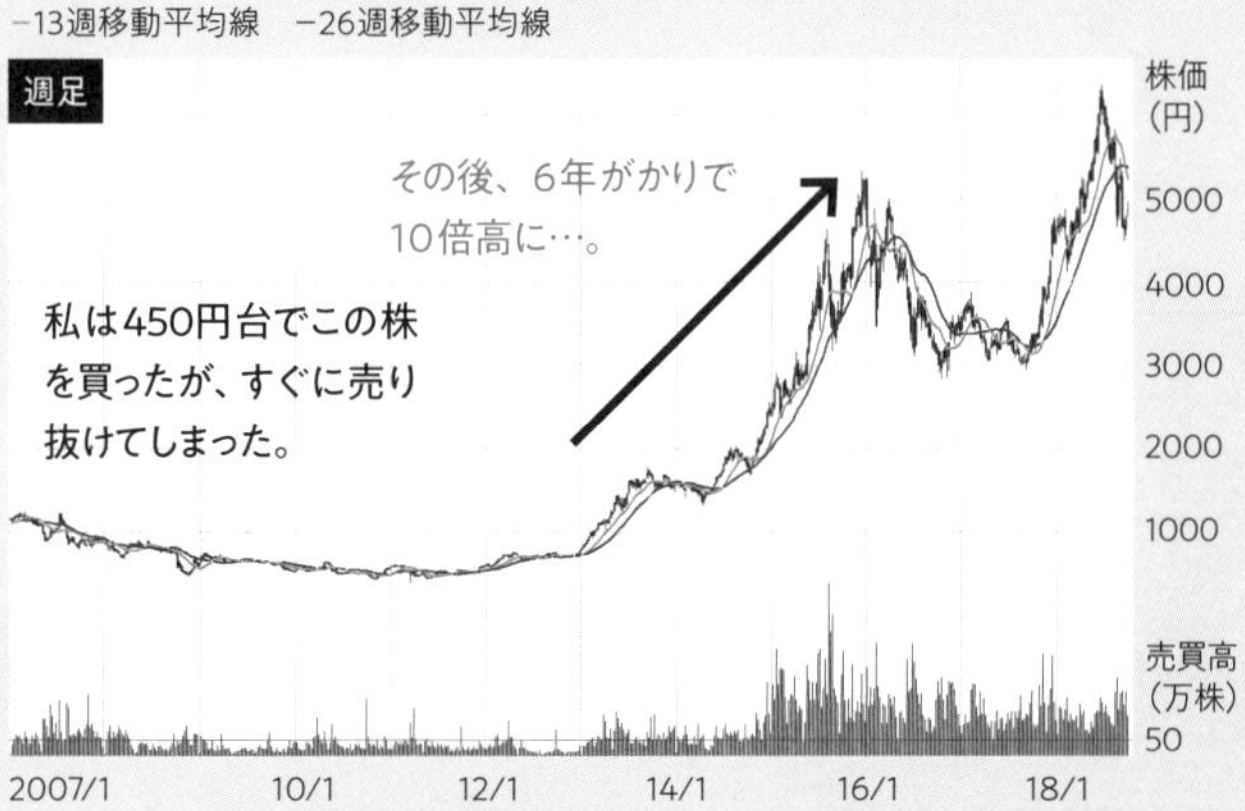

も有利に働く。出張をすれば、ビジネスホテルや航空会社も投資の対象に入ってくる。普段の仕事で何気なく使っている情報を統合して応用すれば、ビジネスパーソンならではの投資スタイルを確立できるのだ。

株というと、「何か遠い世界の企業の株を買わないと駄目」と思い込んでいる人がいるが、そんなことはない。身近な企業の株ほど、兼業の個人投資家には有利という面がある。**身近な企業やビジネスの知識を応用して投資するという発想こそが、ピーター・リンチ流長期投資法の根幹**とも言えるのだ。

株式投資をすべき別の理由

私は別な観点からも日本のビジネスパーソンはもっと株式投資をたしなむべきだと常々考えている。ビジネスに最も精通しているビジネスパーソンが企業の評価者として株主に加わることで、株式市場はより効率的になるはずだからである。先述のように大儲けのネタはそこら中に転がっている。ただ、それに気付いていないだけなのだ！

「つ・な・げ・よ・う分析」の5つのスキル

つ

強みを知れ
➡自分ならではの強みを理解する

な

流れを知れ
➡複雑な株価の流れを理解する

げ

原理を知れ
➡株価が決定する原理原則を理解する

よ

弱みを知れ
➡個人投資家や人間ならではの弱みを理解する

う

ウラを取れ
➡決算書や会社資料で必ずウラを取る

もう一つ重要なことがある。今の日本が資本主義社会であることだ。貴族社会や武家社会では、農民の富が貴族や武士に吸い上げられていた。同様に資本主義社会では、企業で働く人々の稼いだ富が、最終的には資本家の株主に流れる仕組みになっている。それが良いか、悪いかという議論はさておき、それが現実である。

幸い、今の日本は自由主義でもある。株主になりたければ、数万〜数十万円の資金を用意するだけで誰でも資本家の側に入れる。もちろん、貴族や武士がお互いに勢力を争っていたのと同様に、株主は株主で厳しい戦いを勝ち残る必要はあるが、**幾つかのポイントを押さえてアマチュアの個人投資家ならではの投資戦略を構築できれば、プロ相手にも十分に戦える。**

私は「投資初心者でも自分で銘柄選びができるように」という思いから「つ・な・げ・よ・う分析」というフレームワークを考案した（前ページの図）。

❶強みを知れ→自分ならではの強みを理解する

❷流れを知れ→複雑な株価の流れを理解する

❸**原理を知れ↓株価が決定する原理原則を理解する**

❹**弱みを知れ↓個人投資家や人間ならではの弱みを理解する**

❺**ウラを取れ↓決算書や会社資料で必ずウラを取る**

株式投資に必要なスキルをこれらの5つの要素に集約し、覚えやすいように頭文字を並べて「つ・な・げ・よ・う分析」と名付けた。次ページから、最初の「**強みを知れ**」について解説していく。

POINT2

大儲けのネタは周囲に転がっている

つなげよう

まず「自分の強みを知れ」軽視しがちも侮れない威力

スポーツであれ、ビジネスであれ、およそ勝敗のつくジャンルでは、まず**自らの強みを認識して、それを伸ばすのが勝つための鉄則**と言えよう。株式投資も例外ではない。ところが、多くの個人投資家はそのステップを踏もうとしない。自分の強みを顧みることなく、ネットで話題になっている株を買ってしまう。これでは勝つことは望めない。

強みは仕事や趣味に潜む

では、株式投資におけるあなたの強みは何だろうか？　この点を一度、整理しておくとよいだろう。あまり難しく考える必要はない。**あなたの強みの大半は、あなたの人生そのもの**であるからだ。

例えば、**ビジネスパーソンなら、職場での知見をそのまま株式投資に活用する**ことができる。化学会社の社員であれば化学株、半導体関連企業の社員であれば半導体関連株を狙うのだ。具体的に言うと、例えば、あなたがいつも読んでいる業界の専門紙には業界の出来事が事細かく掲載されている。その中に急成長している新興企業の記事があれば、それこそが有望株の候補になる。恐らく欧米系のヘッジファンドのファンドマネジャーよりも、あなたの方がよっぽどその会社の有望度を正確に判断できるだろう。私もこの方法で大きく勝ったことがある。

あるいは、職場で何気なく使っているネット企業なんていうのも面白い。その会社の良さを実感できるというあなたの強みを十分に発揮できるはずだ。5年ほど前の話だが、工場を経営している叔父がこうぼやくのを聞いた。

「いつも使っているMonotaRO（東1・3064）の株を買えばよかった。あの便利さを初めて知った時に買えば、株価は10倍になっていたよ」

工具や間接部材をネットで販売する同社は今や「工場のアマゾン」などと呼ばれ、工場にとって欠かせない存在だが、東京・大手町に通う金融のプロたちには縁遠い企業だ。間違いなく私の叔父はこの会社の良さをいち早く知る立場にあった。その強みを生かせなかったのは残念だったが、さらに残念な話がある。実はその話を私にした10倍高の時点ですら、同社株を買うには遅くなかったのだ。その後も株価は順調に上がり続け、18年9月5日には、10倍高からさらに13倍の6550円に達した。

仕事以外であれば、あなたの**趣味もそのまま強みとして生かせる**だろう。これも複雑に考えてはいけない。必ずしも人に自慢できるような趣味である必要はない。例えばゲーム。「ポケモンGO」の大ヒットで急騰した任天堂（東1・7974）のように、このジャンルからは幾つも大化け株が登場している。クルマ好きならスバルブランドの富士重工業（東1・7270）で10倍高を取れ

図1

MonotaROの株価推移

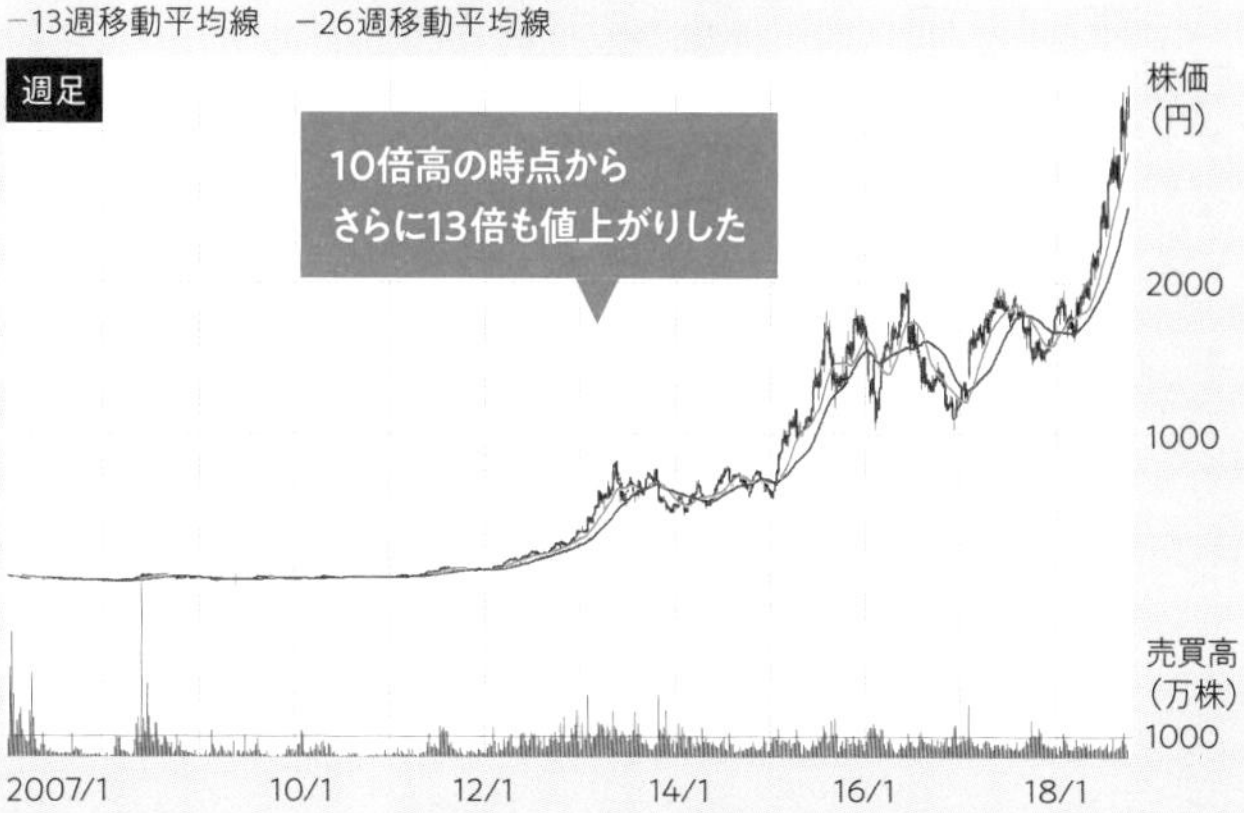

図2

富士重工業の株価推移

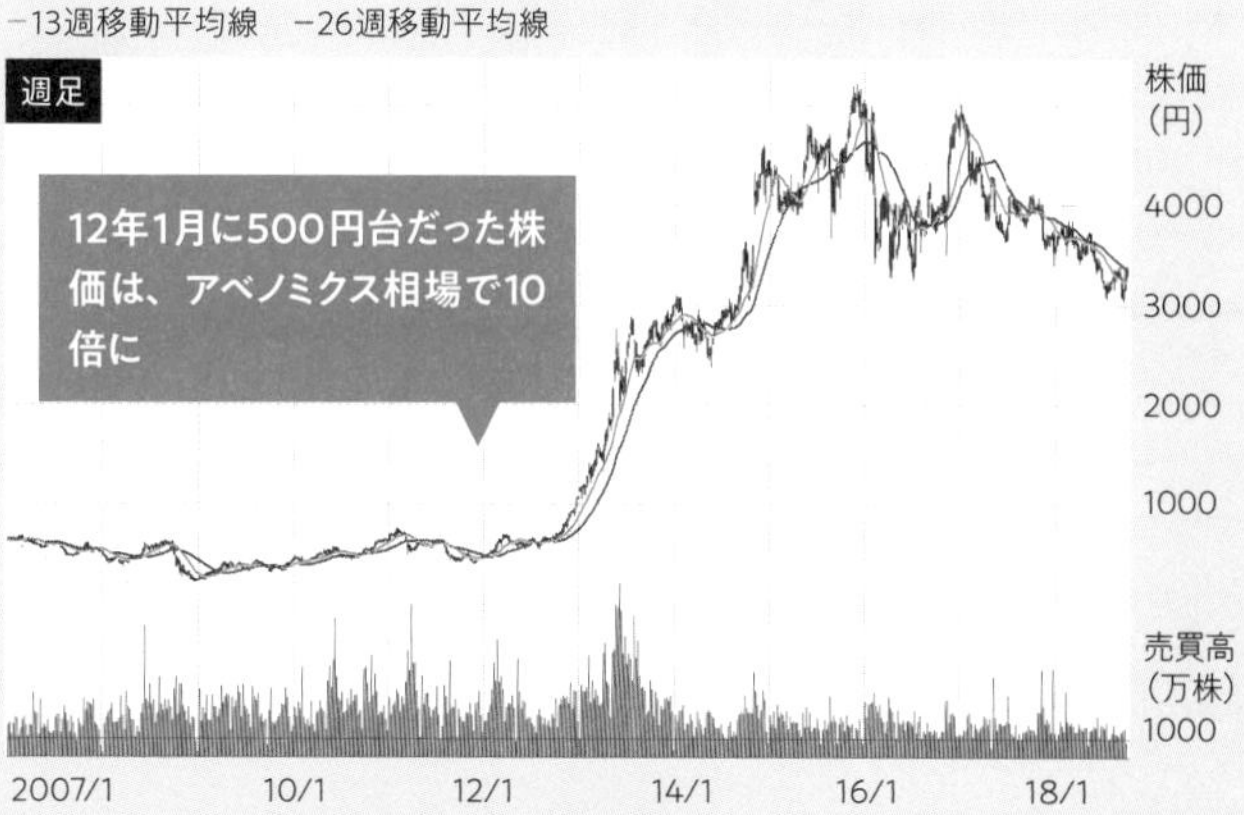

たかもしれない。商品やサービスの良さが実感できる。それだけでも、決算書やネットの情報だけを見て投資している人に比べれば、かなりの強みを持っていると言えるのだ。

ささいなこだわりも強みに

何千社もある上場企業の全てを知り尽くす投資家などいない。自分の得意ジャンルを設定して、そこを深く追究すればいい。**仕事や趣味のジャンルならあなたには理解しやすく、他人には理解しにくい**。深く数字を追求するにも、将来を予想するにも、あなたならではの個性が生きるし、第一に楽しい。

ひょっとしたらこれが一番大事かもしれない。「**好きこそものの上手なれ**」だ。逆に関連企業を深く調べることで仕事や趣味の面にも好影響が出るかもしれない。株の場合は財産が懸かっているので本気度が違う。投資対象のホームページや決算資料を隅から隅まで読めば、専門性に磨きがかかる。実際に私も何度となく「そんなことまでよくご存じですね」と取引先を驚かせてきた。

誰にでもその人独自の武器がある

もっと言うと、**仕事や趣味ともいえないこだわりや趣向でさえも、十分な強み**になる。私はトンカツが大好物だが、おかげでトンカツ専門店「かつや」を展開するアークランドサービスホールディングス（東1・3085）でテンバガー（10倍株）を取れた。9年前に妻から教えてもらったおしゃれな100円ショップのセリア（JQ・2782）に至っては、底値から100倍高という驚異的な成長を遂げた。ただ、極めて残念なことに私はこの株を買っていない。当時は、妻の買い物好きを強みとは考えていなかったのだ。この教訓として、**家族の強みも整理しておく**ことを強くお勧めする。案外、娘さんに教えてもらった子供向け関連の企業が大化けする可能性だってあるのだから。

「つなげよう」

初心者でも大化け株は取れる あなたにも探せる7つの特徴

初心者の方から「株を始めるに当たってまず何をすべきか?」と聞かれると、私は必ず「口座を作って株を買え」とアドバイスすることにしている。まずは始めてみて、並行して株の勉強をする。それが、最も効率的なやり方と考えているからである。

リアルに市場と向き合う体験がないと、本や雑誌でどれだけ勉強しても頭には入らない。最初は下手で構わない。極端な人気株に飛び付いたり、信用取引で思いっきりレバレッジをかけたりといった極端な戦術を採用しない限り、大きく負けることは少ない。あくまで練習という前提で投資額を小さめにするといいだろう。

一方、ビギナーズラックもある。よく分からず、見よう見まねで買った株が数倍に値上がりすることもある。30年前、私が初めて買った銘柄も1年半で3倍に上昇した。そんな大化け株の特徴を紹介していこう。身近な株を買うなら次のような特徴を幾つか併せ持つ株を買うといい。

「大化け株」の7つの特徴

①成長著しい嫌なライバル

あなたが働いている業界で、格下でありながら急成長している嫌なライバル企業があれば、かなりの有望株といえる。業界に精通しているあなたが「嫌だ」と感じることこそ、その企業が優れている証拠だ。「業界の秩序を乱す」などと文句を言う前に、その株を買い、ビジネスモデルの研究でもした方が、あなたの仕事にも有益だろう。

②他社技術の利用が得意

株式投資で魅力的な企業は、意外にも革新技術の提供側ではなく、利用側に多い。例えば米アップル（ＡＡＰＬ）の人気商品「ｉＰｈｏｎｅ」は、８００社以上の日本企業の技術に支えられている。もちろん、最も儲かっているのは日本企業ではなく、アップルの方だ。株価は１９９９年以降１００倍以上に上昇し、時価総額は世界一となった。

③右肩上がりの棒グラフ

私は企業のホームページを調べる中で、長期にわたって右肩上がりの棒グラフを見ると、つい興奮してしまう。私の大好きな企業は、左のグラフ（図１）に示した、情報システム構築支援を手掛けるコムチュア（東１・３８４４）のように創業以来10年以上着々と成長を続け、上場後もかなりの長期間、その傾向を維持しているタイプだ。このようなグラフを見つけたら、ピンとくるようにしよう。

図1

右肩上がりの業績には敏感に!

コムチュアの売上高の推移

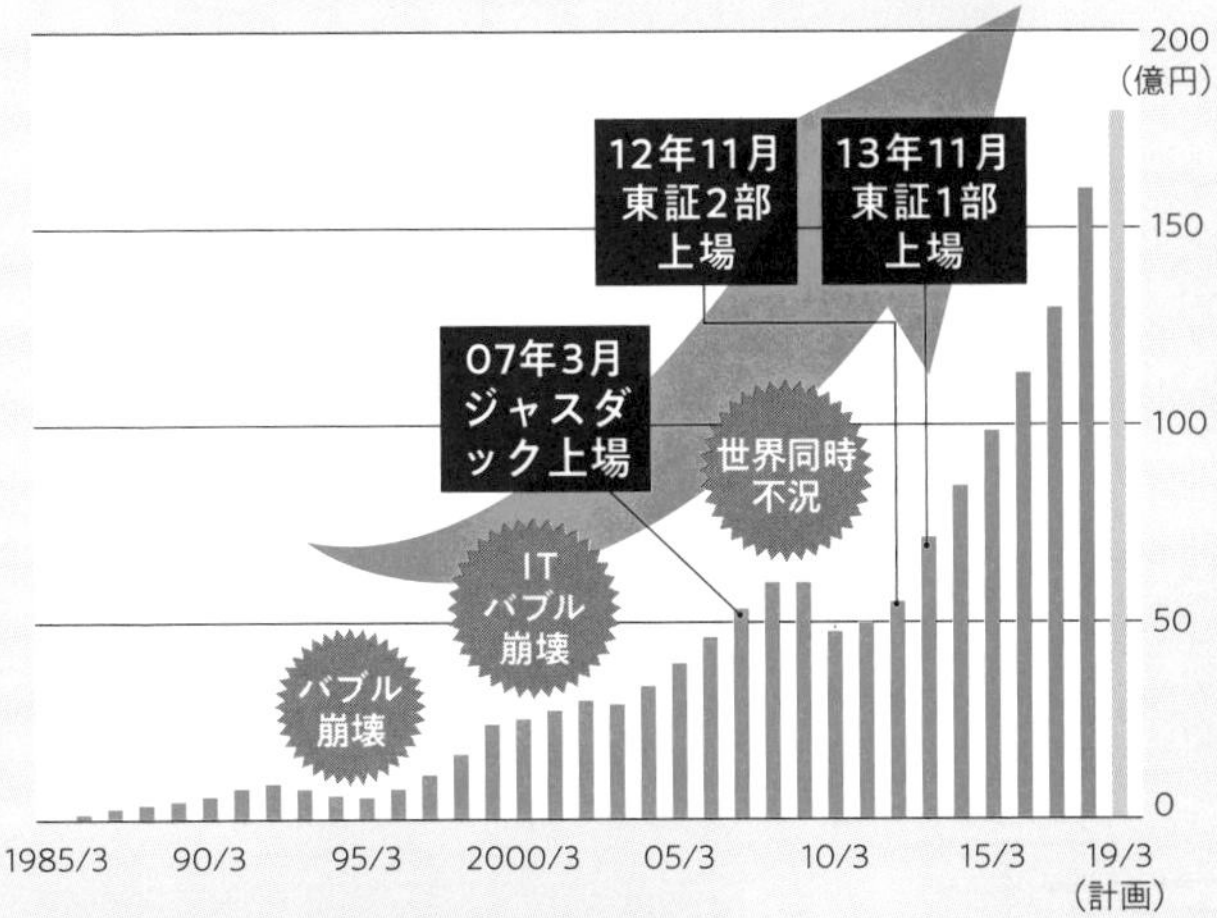

「プレイステーションVR」をはじめ、生産の追い付かない製品が増え、ソニーの株価は上昇している

また、このタイプの企業は時間をかけて株価を上昇させるため、短期トレードではなく、長期投資が有効だ。

④まるで話題に上らない

株価は、企業の成長と割安な株価の是正という2つの要因で上昇する。同じ成長株を買うなら、株価は割安な方がいい。だが、割安な株は当然、市場で人気がない。ただし、それは今人気がないというだけで、今後も人気がないわけではない。あなたの独自の視点からは有望なのに、市場で話題に上っていない株が見つかれば、じっと持ち続けよう。将来、市場がその成長性に気付いた頃には、株価は数倍に上昇しているはずだ。

⑤行列、売り切れ、予約待ち

これまで鳴かず飛ばずだった企業が、ある日、とても上手に市場のニーズをつかむことがある。株価は急上昇し、一躍スター株に変身するが、そんな夢の

図2

カルビーの株価推移

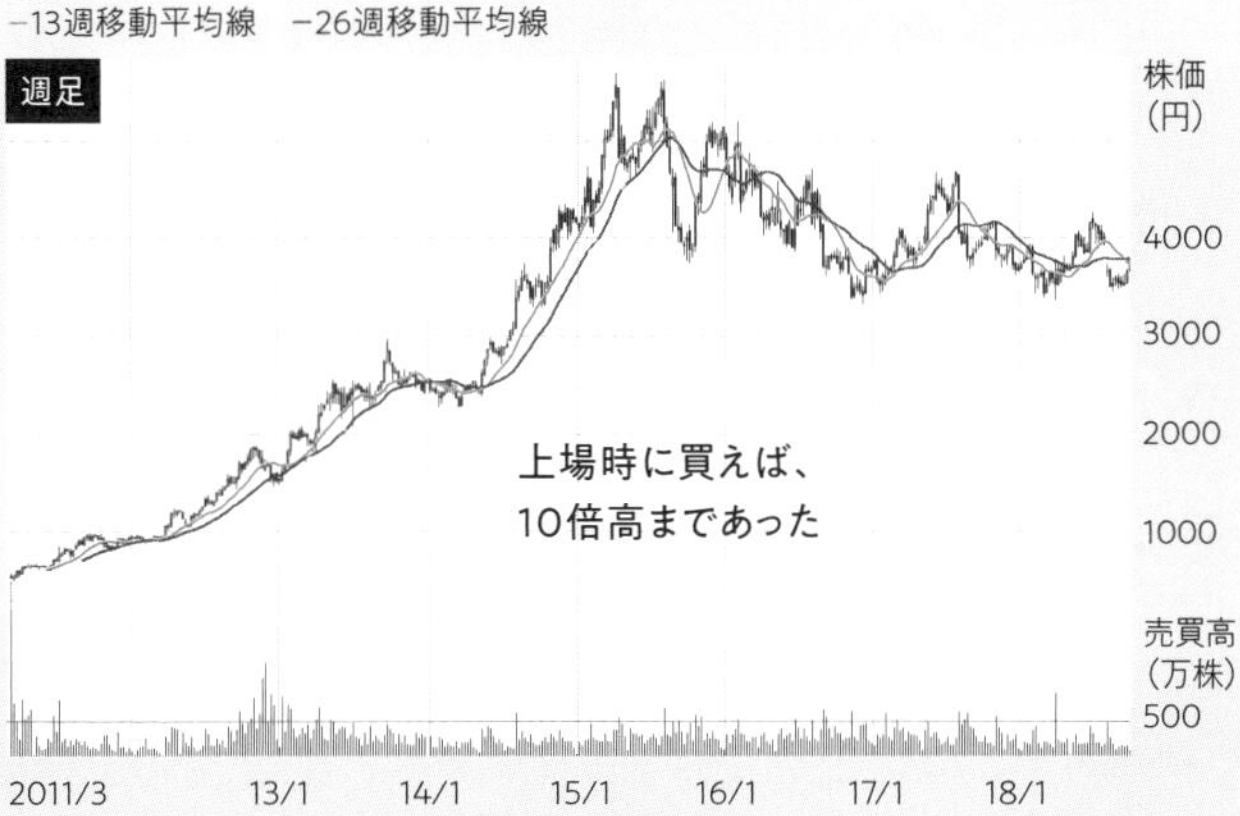

図3

米スターバックスの株価推移

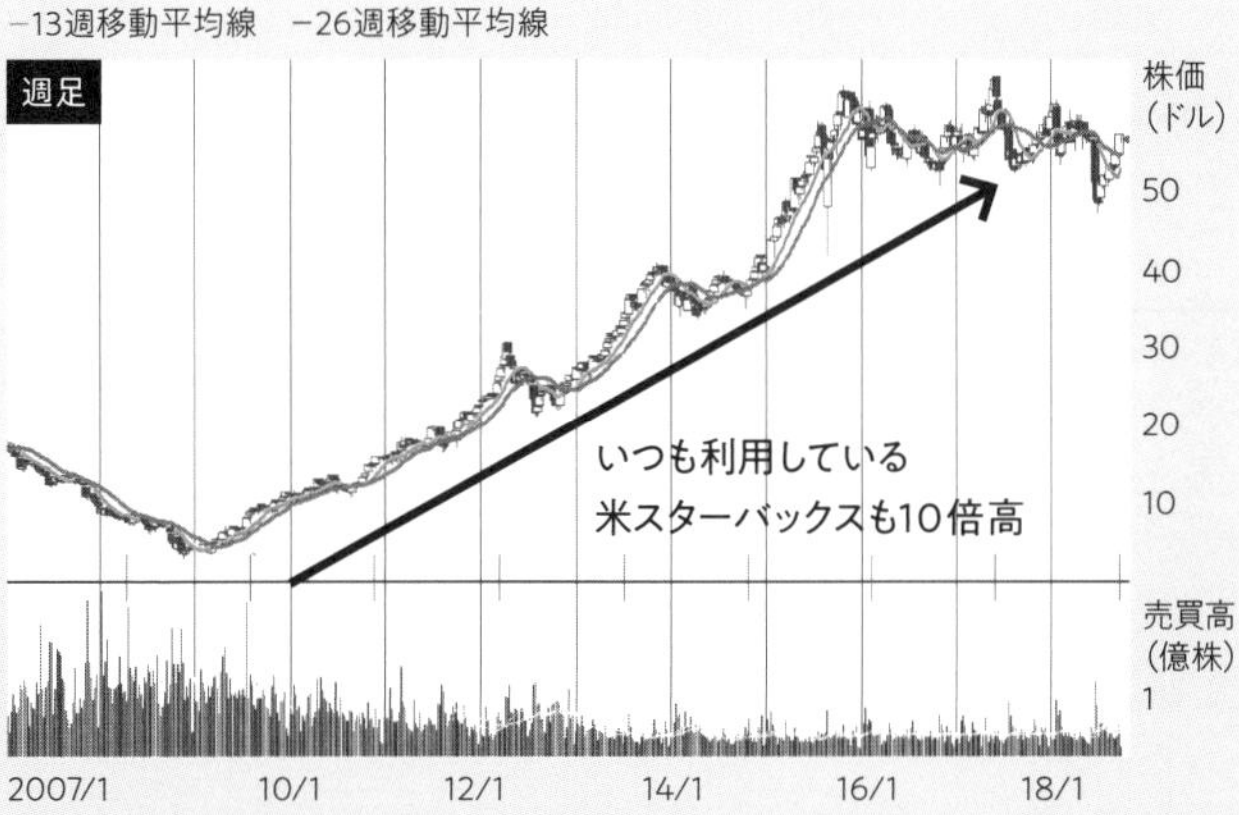

ような出来事の兆しは身近なところから始まる。欲しい商品がすぐ手に入らず、予約待ちや行列に並ばないと買えない。そんな光景を目にしたら、その商品を提供している会社のことを調査するといい。

❻ 常習性や中毒性のある商品

食品や外食の銘柄を狙うなら、おいしさよりも、つい口に入れてしまう常習性や中毒性に着目しよう。コーヒー、たばこ、ポテトチップス、トンカツ、激辛、健康食品……。常習性の高い食料品は必ずしもおいしさで買っているわけではないが、提供企業の株価は長期的に堅調なことが多い。同じ理由で、ゲームやSNS（交流サイト）、アニメなどのついハマりがちな分野から、思わぬ大化け株が出る可能性も忘れてはいけない。

❼ 有望株の周辺に次の候補がある

近年、小売り・外食セクターから、テンバガー（10倍株）が次々と登場して

POINT4

大化け株狙いなら、特徴を押さえる

いる。背景には、複数の技術変化や構造変化がある。高速道路やバイパスの整備に伴う人の移動の変化、安価で工期の短い乾式工法の普及によるスピーディーな多店舗展開、規模が大きいほど販売データが蓄積できるＰＯＳ（販売時点情報管理）システムの普及などだ。これらが、新興の郊外型チェーン店に有利に働いた。こうした変化は、同時に複数の関連企業にも大きな変化をもたらす。たまたま有望株を一つ見つけたら、成長構造を吟味し、よく似た構造の関連企業を探すと、次の大化け株を見つけられる可能性がある。今なら、「ＡＩ（人工知能）」や、あらゆるモノがネットにつながる「ＩｏＴ」の普及に十分に注意を払うべきだろう。

COLUMN 01

『会社四季報』を読破する❶

本章「強みを知る」では、主に日常の気づきの中から成長株を探索する方法を説明してきた。ただ、それだけでは不十分。その点を説明したい。

例えば、あなたがある素敵なパンケーキ店を発見し、「このお店はきっとはやる」と確信したとしよう。だが、いざそのお店を運営する会社を調べてみると、まだ上場していなかったり、上場しているものの、連結売上高が1兆円もある大企業の新規事業部門が始めたお店だったりする。後者の場合、仮にパンケーキ店の事業自体が成長しても、他の事業が不振で会社全体の業績が伸びなければ、株価の上昇は期待できない。このような事態に直面して、なかなかお目当ての成長株を見つけられないという経験を何度もすることになる。

そこで、もう一つのアプローチとして、「既に上場している企業の中から有望株を探す」という方法を同時に実行するといい。具体的に私が実践しているのは、東洋経済新報社が発行している季刊の株式投資情報誌『会社四季報』（以下、四季報）の通読である。

大変だけど割に合う

「えぇ〜。あんな分厚い本を3カ月に1回読破するなんてあり得ない！」

この話をすると、多くの人は驚きと拒絶の反応を示す。しかし、考えてみてほしい。あなたが毎日つらい思いをして会社で働いても、1年間に貯められる金額は本当にわずかだろう。仮に100万円貯められたとして、その努力を10年間継続してようやく1000万円だ。一方で真剣に成長株を探して「テンバガー（10倍株）」を見つけて100万円分買えば、後は何もしなくても1000万円を1000万円に増やせる。10倍株は無理にしても、買値から2〜3倍に値上がりする株でも、金銭的な余裕は一変するはずだ。そのための努力として四季報を読む程度の手間は十分割の合うものだと思うが、いかがだろうか？

四季報を通読する努力のメリットをさらに詳しく説明しよう。まずは、上場している企業を網羅的に知ることができる。四季報に掲載されている3715社（2018年4集秋号）という企業数は確かにとても多いが、手に負えないほど膨大な数でもない。大学受験に必要な英単語数（センター試験に必要な単語数は5000語と言われている）よりも少ない数字だ。単語力がないと英語の試験で高得点が狙えないのと同じく、企業についての知識がないと大化け株を見いだす力も不足する。四季報が発行されるたびに読み込めば、次第に企業名やその会社の概要が頭に入ってくる。しばらくは結果が伴わないかもしれない。しかし英単語学習と同様に、この取り組みはいつしか結果を出し始め、それに合わせて実力も着実に付いてくるはずだ。

もしかすると、投資初心者の中には「どこかにインスタントな勝利の方程式が存在し、それを知っているか知っていないかが勝者と敗者を分けている」という勘違いをされている方がいるかもしれない。しかし、当然のことながらそんな方程式は存在しない。継続して知識を増やし、日々に実践を繰り返すことで、初めて実力が付いてくる。ただ、英単語学習と同じく、努力をするにもコツがいる。コツを覚えやすいように本書では「つ・な・げ・よ・う分析」というフレームワークを使って、その要素を順番に説明している。

四季報通読の2つ目のメリットは、読み続けることで相場観が身に付くことだ。全ての企業のPER（株価収益率）、PBR（株価純資産倍率）、ROE（自己資本利益率）、時価総額といった主要な株価指標の数値をざっと流し読むことで、市場は大体どのくらいの水準を妥当と判断しているのか、おおよその数字を感覚的につかめるようになる。自分の保有銘柄だけを見ていると、まだ値上がりする気もするし、逆にもう価格が下がってしまうのではないかと不安にもなる。多くの企業の現実の数字を知ることで、自分の保有株が割安なのか割高なのか判断軸を持つことができるのだ。

相場は生き物である。ネットか何かで、「PER10倍以下、PBR1倍以下は割安と判断できる」などといった知識を得たとしても、それだけでは使えない。割安には割安である理由が存在するからだ。その理由を一つひとつ理解しながらＰＥＲやＰＢＲを確認することで、初めて割安か割高かという真の判断ができるようになる。その力を付けるために四季報を読むのである。

「継続は力なり」が実を結ぶ

３つ目のメリットとしては、四季報を通読することで、成長株を見つけるチャンスが広がることだ。普段、いくらアンテナを高く張っていても、心理的な盲点にはまって、それが投資のネタだと気付けないことがある。ところが、四季報で具体的な企業情報を知ることによって、急にパズルのピースが埋まるように、有望株を発掘できることがある。具体的な方法については、第２章の後の84ページにあるコラム２で紹介したい。

最後の４番目のメリットとして、値上がりする株の傾向がつかめる点を挙げたい。具体的なやり方はコラム２で紹介するが、通常は四季報に掲載されている企業の中から有望と思われる企業をいくつかチェックしておき、その後、そこからさらに有望な選りすぐりの企業のみを購入する。このような手順で丹念に企業情報を調べ続けていくことになる。

その中で、チェックはしたものの、「買わない」と判断した銘柄の方が大きく上昇するケースが結構出てくる。「しまった。この株がこんなに上がっていたとは……」。恐らくあなたはこんな悔しい思いを何度も味わうことになるだろう。ここで「悔しいからこの会社のことはもう二度と調べない」と思わずに「なぜ、こっちの株の方が値上がりしたのか」と原因を丹念に調べる。そうすることで、株価が上昇する理由を極めて実践的に理解することができる。

最初は興味の湧く銘柄だけでもいい

結局はこの繰り返しである。この繰り返しが実力となり、投資力という本当の財産を手にすることができるのである。ただし、投資初心者がいきなり四季報を読破するのは確かに敷居が高い。そこで初心者の方に対して私がお薦めしたいのは、あなた自身がよく知っている、つまりあなたの強みが生かせる企業だけを読む方法である。

最初のページから猛スピードで読み飛ばしていき、興味の持てる銘柄だけをじっくり読むだけでもいい。それでも100銘柄くらいはあるだろう。その数を少しずつ増やしながら株の楽しさを体感していけば、いずれは四季報を通読せずにはいられなくなるはずだ。結果として得られるリターンに対して四季報を読む程度の努力なら十分割に合う。この点も次第に理解できるだろう。

『会社四季報』を通読する4つのメリット

メリット 01
上場企業を網羅的に知ることができる

メリット 02
相場観が身に付く

メリット 03
成長株を見つけるチャンスが広がる

メリット 04
値上がりする株の傾向がつかめる

つなげよう

PART

2

流れを知る

つなげよう

「成長株の株価を変動させる3つの流れを理解しよう」

この章では、「つ・な・げ・よ・う分析」の2番目の「**(な)流れを知れ**」という観点から、成長株投資の注意点を説明していく。

成長株投資は時に強い忍耐力を必要とする。5年や10年のスパンで見ればテンバガー（10倍高）になるような大化け株も、時にはマイナス20〜同30%といった株価の急落に見舞われることがある。そうすると、「この企業は成長する」と確信していたにもかかわらず、多くの個人投資家は耐えられずに売ってしまう。「早く売らないともっと下がる」と不安になるからだ。急落直後からすぐに上昇するならまだ我慢もできようが、その後に1年にも及ぶような停滞

「つ・な・げ・よ・う分析」の5つのスキル

つ
強みを知れ
➡自分ならではの強みを理解する

な
流れを知れ
➡複雑な株価の流れを理解する

げ
原理を知れ
➡株価が決定する原理原則を理解する

よ
弱みを知れ
➡個人投資家や人間ならではの弱みを理解する

う
ウラを取れ
➡決算書や会社資料で必ずウラを取る

期が続くと、ほとんどの個人投資家は降参してしまう。皮肉にも、彼らの行動こそが株価の急落や停滞の原因でもあるため、降参した直後から株価は上昇を始める。あなたもこんな悔しい思いをした経験はないだろうか？　ピーター・リンチはこのような現象を**「捨て去った後の繁栄」**と呼んでいる。

左ページの棒グラフは、低価格帯のトンカツ専門店「かつや」を展開するアークランドサービスホールディングス（東1・3085）の過去13年間の業績推移だ。売り上げも利益も一貫して伸びている。しかし、だからといって株価も一貫して上がるわけではない。株価チャートを見ると、株価が急上昇期と停滞期を繰り返している。長期には企業の業績と株価は連動し、**企業の成長という大流**が株価の大上昇をもたらす主因となる。しかし、1~2年程度の範囲では別の流れの影響を強く受けるために、急上昇期と停滞期を繰り返す。影響が最も大きいのは、**相場（*）との連動という流れ**だ。アークランドの株価チャートの下にあるグラフは日経平均株価のチャートだが、アークランドの上昇期と停滞期はおおむね日経平均株価のそれと一致する。

＊＝ここでは、日経平均株価や東証株価指数（TOPIX）に代表されるような株式市場全体の動きを意味する。

図1

アークランドサービスホールディングスの業績の推移

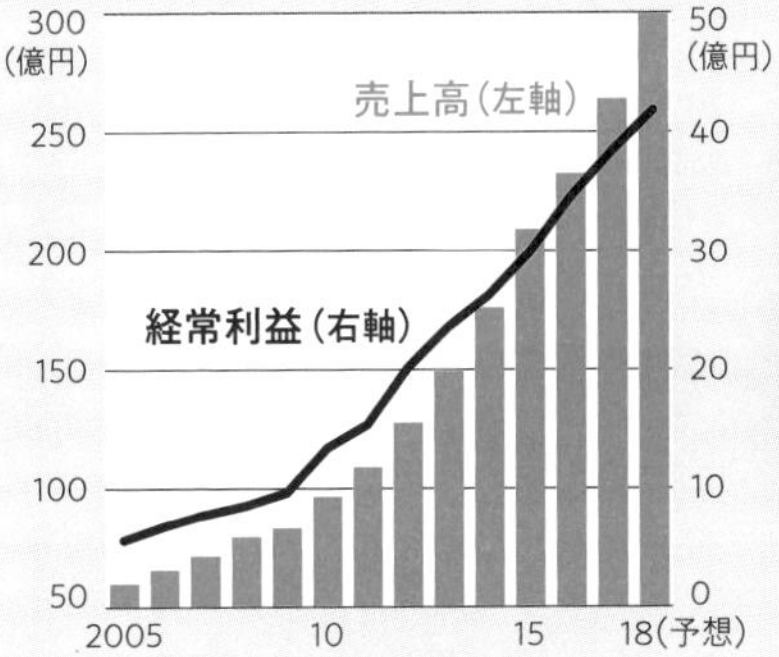

アークランドが運営するトンカツ専門店「かつや」の外観と店内

図2

アークランドサービスホールディングスの株価と日経平均株価の推移

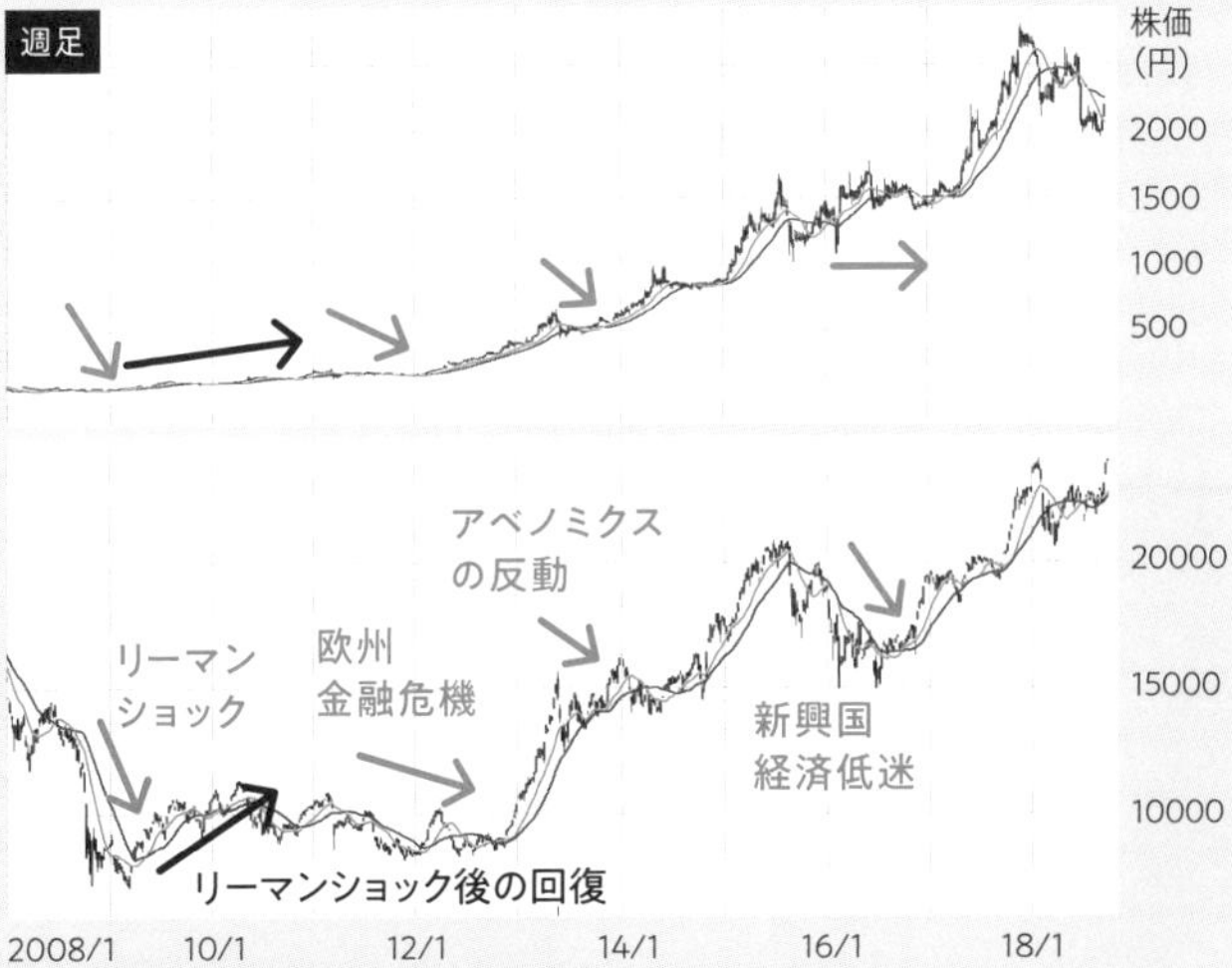

もっとも違いもある。それは株価の上昇率だ。**成長株は相場の上昇期に急騰する**。短期の視点で日々の値動きだけを見ていると、どの銘柄も似たような動きをしているように感じるかもしれない。ある1日だけで比較すれば、成長株よりも日経平均株価の方が大きく上昇する日もあるだろう。しかし、1年程度のスパンで比較すると、成長株に軍配が上がることが多い。**景気変動や金融政策に大きく左右される相場とは異なり、成長株は独自の成長要因を持ち合わせているため**、その分、上昇スピードが速くなると考えられるのだ。

一方で、成長株といえども、相場の停滞期には連動する。相場の下落に逆らって逆行高を続ける成長株は非常に少ない。また上昇期に急騰した分、株価の下落幅は大きくなりやすい。多くの個人投資家はここで保有株を手放すという判断に至る。その際に「次の上昇期が始まる前に買い戻せばいい。それまで別の銘柄でひと儲けしよう」という思惑が働くこともあるだろう。しかし相場の低迷期には他の銘柄も下がるので、乗り換えても株価の下落に伴う損失を避けるのは難しい。さらに、次の上昇期が始まる前に買い戻すといっても、それがいつ来るかは誰にも分からない。結局、買い戻し損ねて、「あの時、あの株を持ち続けておけば大儲けできたのに」と後悔することになる。リンチはこのような行為を「**花を引き抜いて雑草に水をやる**」と表現し、素晴らしい成長株を見つけたら簡単には手放してはならないと諭している。

株価を動かす3番目の流れ

ここまでの説明から、企業の成長の流れと相場との連動という2つの要因だけで長期的な株価変動はほぼ説明がつくように思われるだろう。だが、実はもう一つ重要な流れが隠れている。再びアークランドの業績推移のグラフと株価チャートをご覧いただきたい。上場した2007年からの10年間に利益は4・9倍に増えたが、株価は約35倍の水準にまで上昇している。ということは、企業成長以外の流れが株価をさらに7倍押し上げた計算になる。それが**評価水準の変化**という流れだ。

企業の成長5倍×評価水準の変化7倍≒株価35倍

アークランドのPER（株価収益率）は、2008年に4倍前後と著しく低迷していた。通信簿に例えると、5段階評価の1だったわけだ。だが、10年に及ぶ増収増益の実績によって市場の評価が変わった。18年9月26日時点で予想PERは27・8倍と日経平均株価の13・8倍を上回り、通信簿は4～5レベルの高評価となっている。

POINT1

株価は業績、相場、市場評価で動く

つなげよう

「3つの流れで投資法は異なる銘柄の性質に応じて売買せよ」

長期的に株価を変動させる❶企業の成長❷相場との連動❸評価水準の変化——の3つの大きな流れは全ての銘柄に影響を与えている。そこで重要なのは「**自分がどの流れに着目してその株を売買しようとしているのか**」を自覚することだ。そこを見失うと投資に首尾一貫性がなくなり、保有すべき株を売却したり、売るべき株を保有し続けたりといった悲劇を招く。

3つの流れのうち、**企業の成長（業績伸長）に伴う株価の上昇**を狙うなら「**成長株投資（グロース投資）**」、**相場との連動による値上がり**を拾う場合は「**循環株投資（シクリカル投資）**」、**市場による株価の評価水準の是正**に着目すれば「割安株投資（バリュー投資）」と呼ばれる投資スタイルをそれぞれ取ることになる。ここではポイントを絞って簡潔に説明しよう。

森より木を見る成長株投資

成長株投資は、業績の拡大が今後も期待できる銘柄をひたすら探す投資スタイルだ。相場という森全体を見るのではなく、個々の企業という1本1本の木の個性を見比べる投資法と言える。企業は数年から数十年という長い歳月をかけて業績を伸ばして成長する。この長期の成長トレンドをうまく捉えられれば、財産を数倍から数十倍に増やせる。

成長株投資の場合、少なくとも3~5年は保有し続ける覚悟が求められる。また、短期トレーダーにはおなじみの「損切り」については考えを改めた方がいい。保有期間中には何度となく10%以上の下落局面が訪れるが、そのたびにお宝株を手放すようでは大きな利益を手にすることはできない。

次に循環株投資について説明しよう。これは国内外の景気変動の影響を強く受ける銘柄を選び、景気の波に乗って儲ける投資スタイルだ。業種では鉄鋼、非鉄金属、海運、不動産、自動車、金融などが該当する。左ページ下のグラフは、循環株の典型である商船三井（東１・９１０４）の株価推移を示すチャートだ。２倍高と半値下落を頻繁に繰り返し、まれに大暴騰して10倍高を演じたことが見て取れる。

株価の推移を見ると、景気の底で底値圏にある循環株を買い向かい、景気が良くなった時に売り抜ければ、大きく儲けられそうに思われるだろう。しかし現実はそう簡単ではない。まず景気の底と天井を見極めるのが困難だ。底値圏では市場の悲観的なムードに巻き込まれ、買い向かうどころか、売りたくなってくる。反対に天井圏では買い向かいたくなってしまう。

結局、循環株投資で多くの個人投資家は**デイトレードか、長くても数カ月以内の短期的な売買を繰り返し、景気の波をこまめに切り取って利益を確定していく**形を取っている。日中、市場の変化にいち早く柔軟に対応することができ

図1

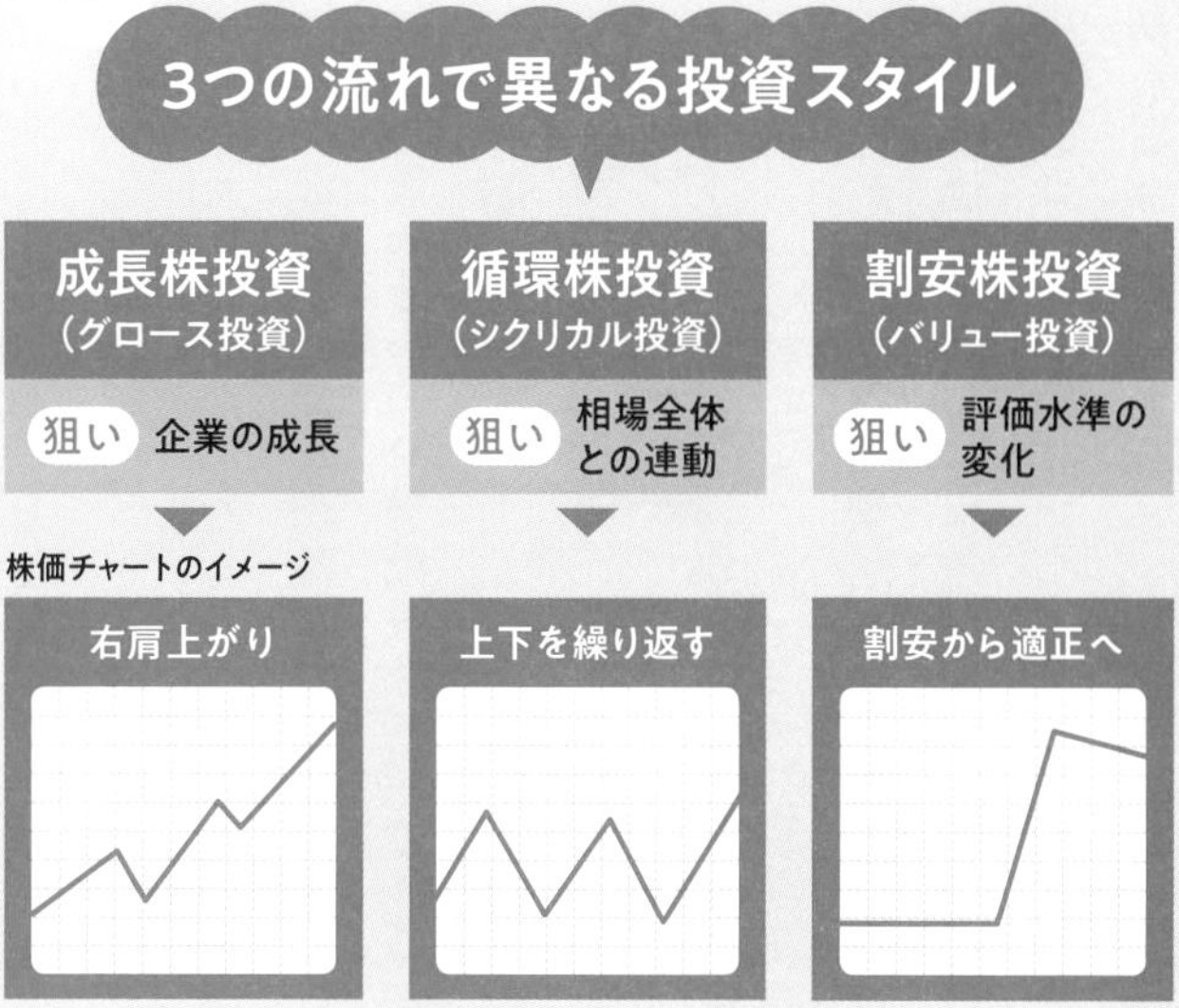
3つの流れで異なる投資スタイル
成長株投資
（グロース投資）
狙い 企業の成長
循環株投資
（シクリカル投資）
狙い 相場全体との連動
割安株投資
（バリュー投資）
狙い 評価水準の変化
株価チャートのイメージ
右肩上がり
上下を繰り返す
割安から適正へ

図2

商船三井の株価推移

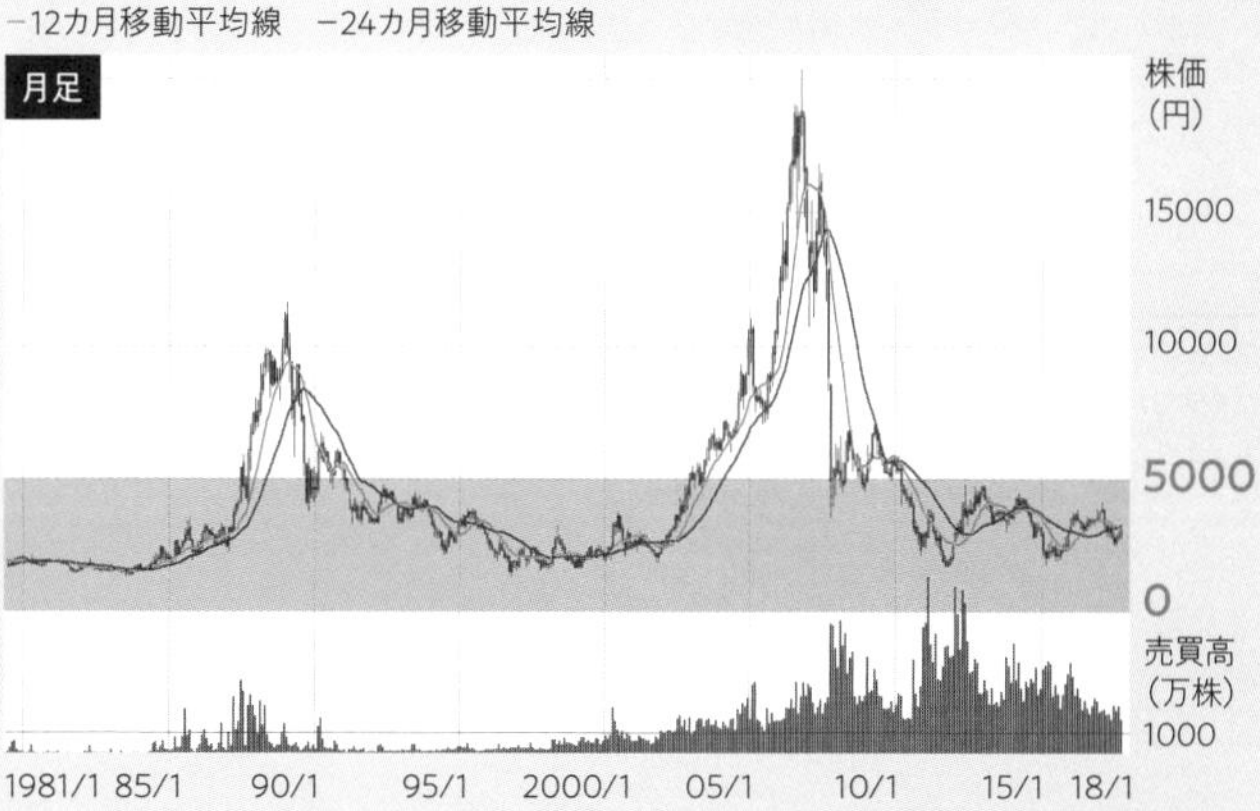
−12カ月移動平均線 −24カ月移動平均線
月足
株価（円）
15000
10000
5000
0
売買高（万株）
1000
1981/1 85/1 90/1 95/1 2000/1 05/1 10/1 15/1 18/1

ないビジネスパーソンが、全く同じことを実践するのは難しい。ただし、循環株の関連業種で働く方ならば、その道のプロとしての経験や肌感覚を投資に生かすことで不利を補うことは可能だろう。不動産相場や海運市況の動向を肌で感じられるような方なら、不動産株や海運株を狙えばよい。

私の経験上、**循環株投資では銘柄を絞るよりも幅広く複数銘柄を買う方がうまくいきやすい。分散効果を利用できる**からだ。景気が良くなっても、自社の戦略が裏目に出てうまく景気の波に乗れない企業が存在する。せっかく上昇相場を見事に読み切ったのに、よりによって自分の買った株だけが値上がりしないという事態だけは避けたい。

最後に割安株投資だが、この投資法では会計のスキルが必須となる。**決算の内容を丹念に調べ、資産や長期的な収益性からその企業の本来価値をはじき出し、株価と比較して極端に割安な銘柄を買い向かうスタイルだ**からだ。この投資法のコツを一つだけ挙げると、**割安なだけではなく、業績も上向いている銘柄を買う**ことである。

図3

3つの軸でそれぞれ真逆の投資法

成長株投資	成長軸	衰退株投資
循環株投資	循環軸	ディフェンシブ株投資
割安株投資	割安軸	割高株投資

上の白色部分の投資を整理し直すと…

	循環株	ディフェンシブ株
成長株	シクリカルグロース	ディフェンシブグロース
割安株	シクリカルバリュー	ディフェンシブバリュー

3つの投資は独立していない

3つの投資スタイルをざっと説明したが、現実はもう少々ややこしい。実は3つのスタイルは完全に独立してはいない。評価の軸が異なるだけで、実際には、「成長株かつ循環株」や「循環株かつ割安株」といった複合的な銘柄が存在する。前ページの上の表は、3つの流れを評価軸にして、それぞれで正反対の投資法を並べたものだ。企業成長の軸だけの評価なら、「衰退株投資」は考えられない。だが、割安という軸で見れば、衰退株でも割安であるが故に株価の是正が期待できる魅力的な銘柄が存在し得る。

他方、「割高株」は、割安の軸だけで見れば「売り」と判断すべきだ。しかし成長の軸から見ればまだ成長の余地が大きく、株価のさらなる上昇を見込める魅力的な株が存在する。PER（株価収益率）が100倍を超えていながら、成長性が評価されて株価が上昇し続けている米アマゾン・ドット・コム（AMZN）は、その最たる例だろう。

図4

米アマゾン・ドット・コムの株価推移

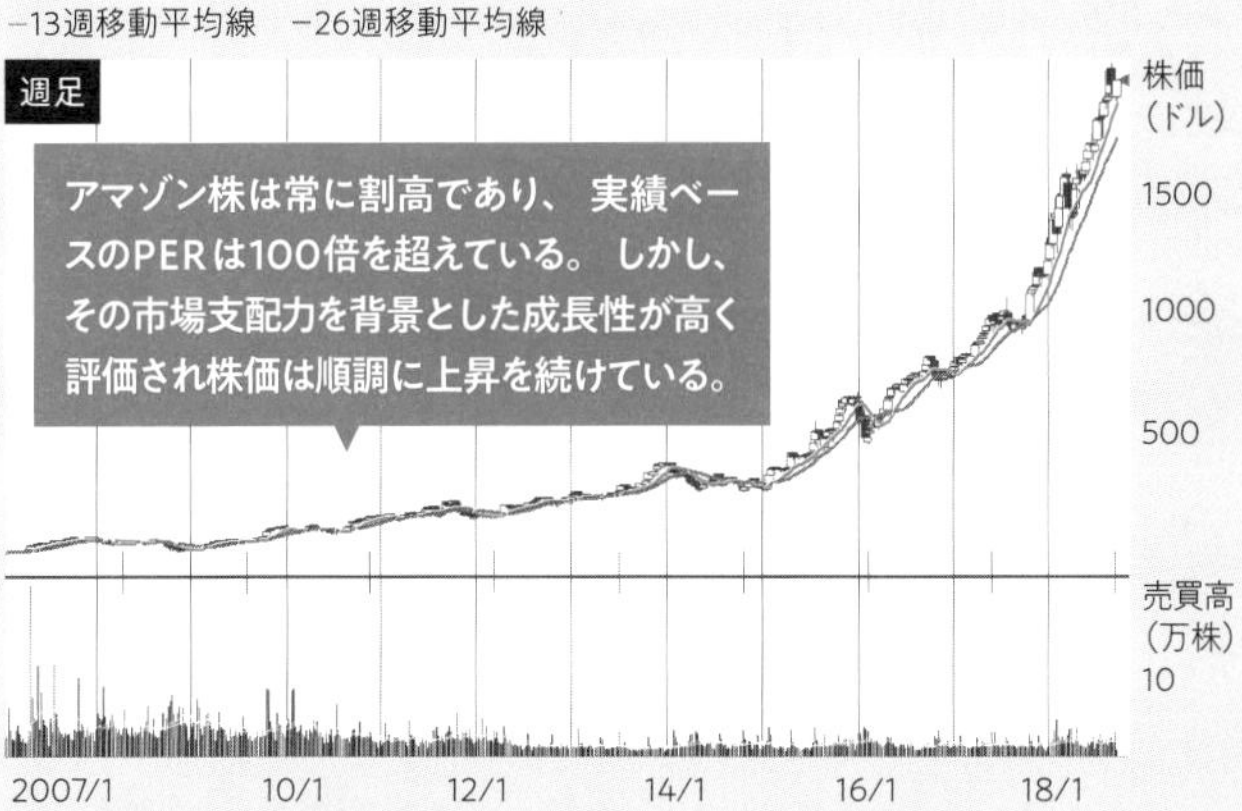

図5

ディーブイエックスの株価推移

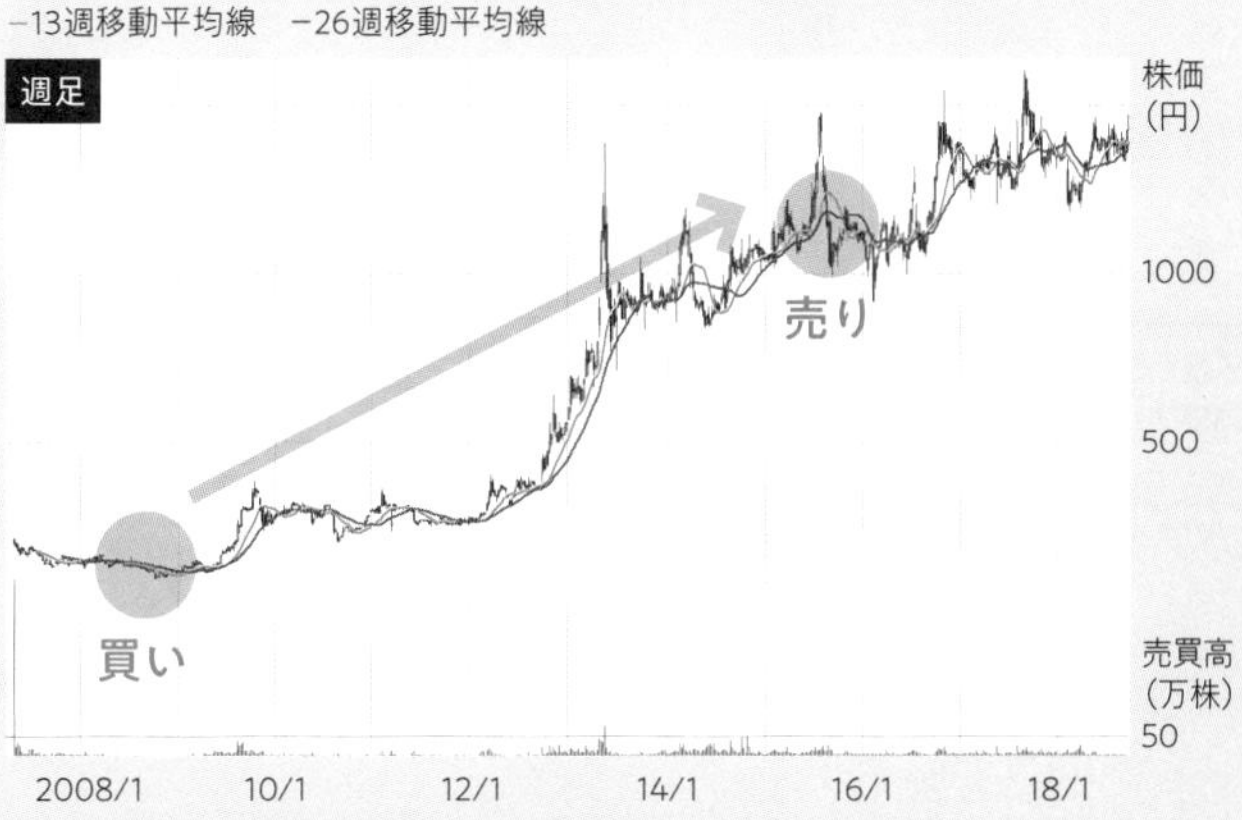

循環株の反対は「ディフェンシブ株」と呼ばれ、日用品や食品、医薬品といった需要が安定していて景気変動の影響を受けにくい業種の株が該当する。一方、成長株や割安株は業種に関係なく存在する。そこで、67ページ上の表の白抜き部分にある4種類の投資を複合的に評価して整理し直すと、同ページ下の表のようになる。このように複合的な性質を持つ銘柄の存在まで理解して投資できるようになれば、少なくとも「自分が何をやっているかすら分からない」レベルからは卒業したと言えるだろう。

「割安成長株」でテンバガー

複合的な銘柄には、「成長株かつ割安株」という銘柄も存在する。業績の伸長と株価の是正の2つの要因で株価が大幅に上昇する。こんなすてきな株を見つけられたら、大金持ちへの切符を手に入れたようなものだ。私は2008年に、医療機器販売を手掛けるディーブイエックス(東1・3079)というディフェンシブグロース株を買ったが、当時の予想PERは4倍台と、極端なディフェンシブバリュー株でもあった。同社は7年ほどで純利益を4倍超に拡大。同時に割安さの解消も進み、私は狙い通りに同社株でテンバガー（10倍株）を実現した。

銘柄の性質に合った投資手法を選ぶ

つなげよう

「企業の実力に比べ割安になる4つのパターンで好機をつかめ」

長期的な株価の変動要因である❶企業の成長❷相場との連動❸評価水準の変化——の3つの大きな流れのうち、❸の市場による株価の評価水準是正に着目した「**割安株投資（バリュー投資）**」について少し補足しておきたい。

企業の実力に比べて株価が著しく割安な場合、その株を購入してじっと**保有し続けていれば、大きなリターンが得られる。**こう記すと、株式投資を勉強されて、「**効率的市場仮説**」と呼ばれる理論を支持されている読者は首をかしげるだろう。理論の前提と相いれないからだ。効率的市場仮説とは次のようなものである。株価に影響を与える情報が発表されると、市場はいち早く反応して株価を変動させる。そのため、現在の株価には利用可能な情報が全て反映されている。誰も他の投資家を出し抜く情報を持ち得ず、市場全体の平均的な運用成績を長期的に上回り続けることはできない。

この理論では、株価には全ての情報が反映されて適正な価格になっていることになる。だから、支持者は先の記述に違和感を抱くわけだ。確かに**効率的市場仮説はおおむね正しく、市場平均を長期にわたって上回ることは難しい**。ただし、30年間株式市場と付き合ってきた経験から言えることが一つある。それは、十分に知識を有した人が個別の企業を注意深く調べていけば、効率的市場仮説とは相いれない、企業の実力に比べて株価が著しく割安な場合に遭遇するチャンスがしばしばあることだ。

そんなチャンスはどのように生まれるのだろうか。株価が割安になるパターンについて、私は生産工学の「バリューエンジニアリング」の基本概念を応用して説明する方法を考え出した。バリューエンジニアリングでは、機能とコストの関係を改善させることで、バリュー（価値）を高めることができるとする。機能を業績、コストを株価にそれぞれ置き換えて、株価のバリュー（割安さ）が生じる4つのパターンを説明するフレームワークを考案した。それが左ページの表である。

業績の欄では、上向きの矢印は業績の拡大、横向きは横ばい、そして下向きは業績の悪化をそれぞれ意味する。株価の欄では、上向きの矢印は株価の上昇、横向きは横ばい、下向きは株価の下落を表す。この**業績と株価の矢印の向きが一致しない場合に、株価が割安な状態が発生する**。以下、私の投資経験を踏まえて、1つずつ説明したい。

4つのパターンの共通点

①業績拡大に伴うバリュー拡大（業績⬆株価➡有効性○）

仮に市場が効率的であれば、順調に業績が拡大している企業は株価も順調に上昇するはずだ。ところが、あまりに**市場からの注目度が低かったり、あるい**

図1

バリュー（割安さ）が生じる4つのパターン

	① 業績拡大に伴うバリュー拡大	② 株価下落に伴うバリュー拡大	③ 業績拡大と株価下落の同時進行	④ 株価上昇以上の業績拡大	⑤ 業績悪化以上の株価下落
業績	↑	→	↑	↑↑	↓
株価	→	↓	↓	↑	↓↓
有効性	○	△	◎	○	×

は何らかの誤解を持たれていたりする場合には、業績の拡大を無視して、株価が横ばいを続けることがある。このような株を見つけたら、辛抱強く保有し続けることだ。私は、売り上げが着実に拡大していたものの、株価が横ばいを続けていた情報システム構築のコムチュア（東1・3844）を2014年度中に購入。2年後に売却して2倍高を取ることができた。

同社の株価が横ばいを続けたのには理由がある。14年度（15年3月期）には売り上げは拡大し続けていたが、一過性の不採算事業の影響で利益の伸びが止まったように見えたのだ。よくよく調べてみると、一時的な要因によるもので同社の成長が止まったわけではない。故に実力と株価には大きな乖離《かいり》が生じている。そう確信して株を買い向かい、大きな成功を手にすることができた。

❷株価下落に伴うバリュー拡大（業績➡ 株価⬇ 有効性△）

16年11月にドナルド・トランプ氏が米大統領選挙に勝利した当日、日経平均株価は先行き不安の拡大から約920円も下落した。ところが翌日にはトラン

図2

コムチュアの株価推移

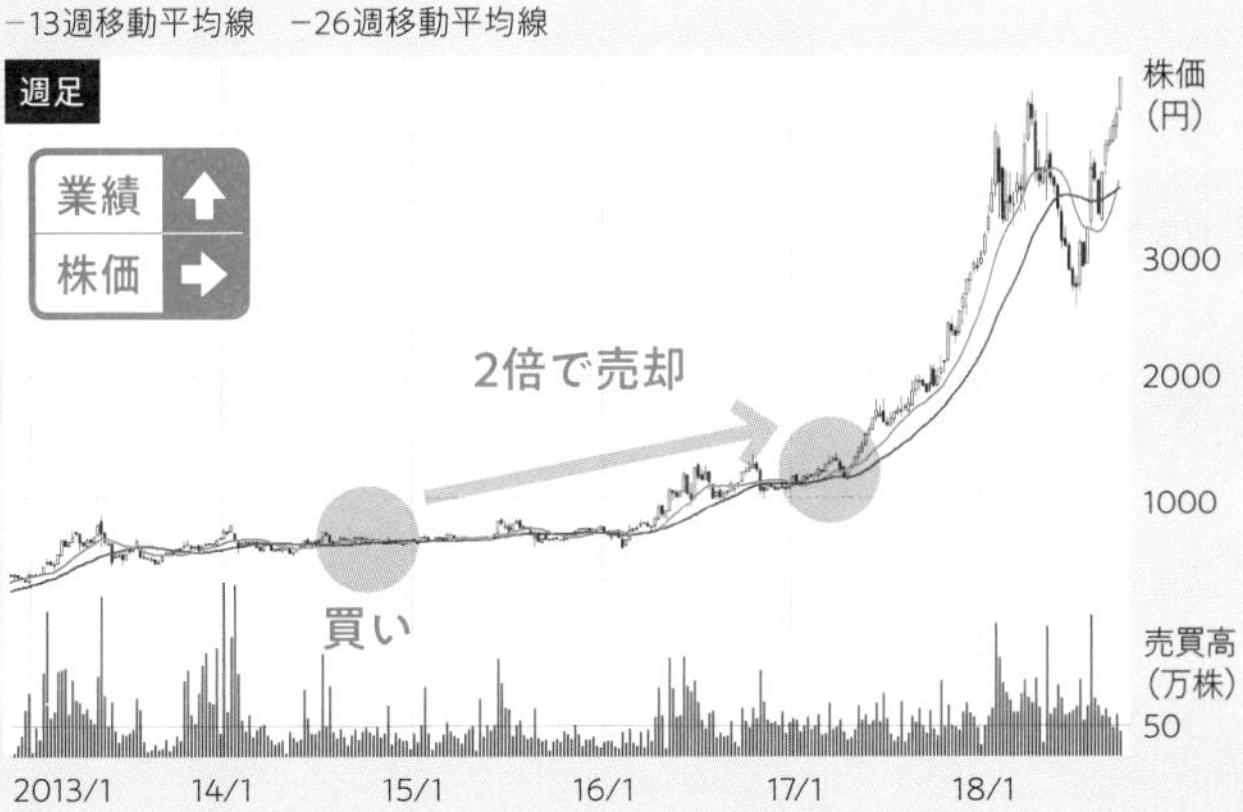

図3

コムチュアの当期純利益の推移

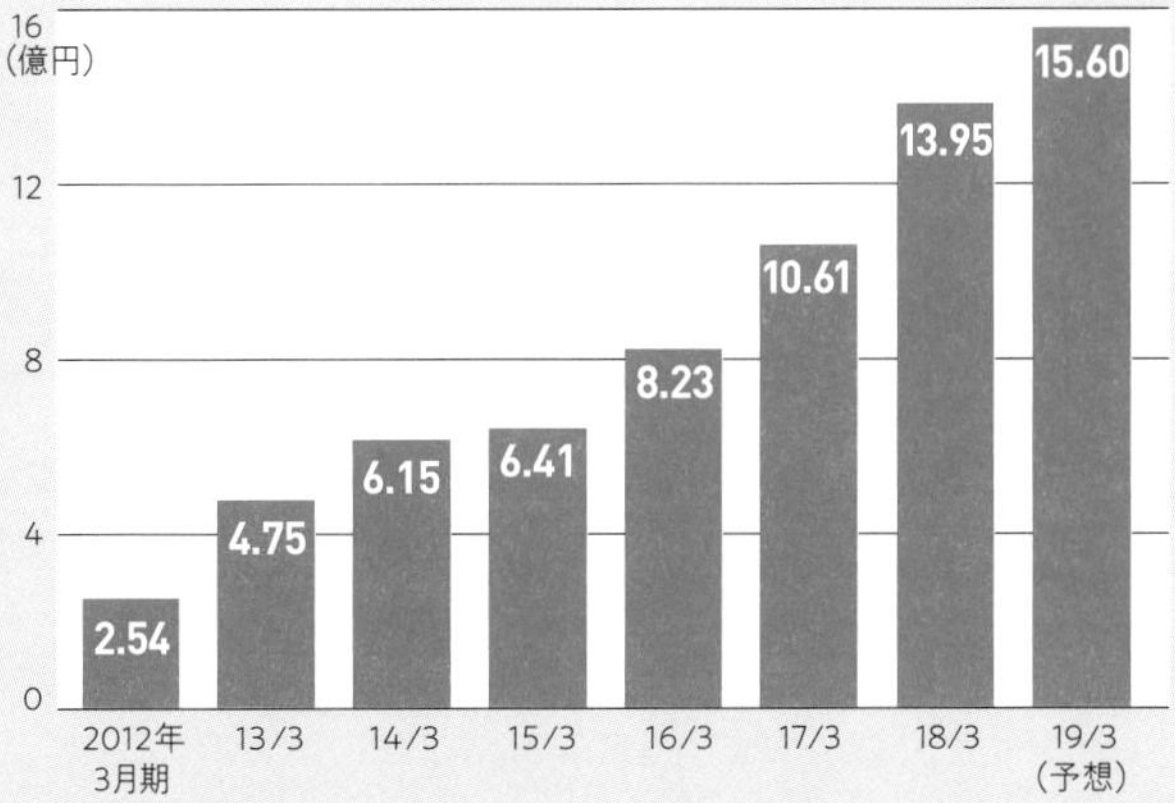

プ氏の政策は経済にプラスとの見方が広がり、日経平均株価は反転して急上昇した。この急展開はまだ記憶に新しいだろう。

このケースの教訓は、**相場が大きく下げた時、それが企業業績の悪化を反映したものなのか、それともパニック売りなのかをしっかり確認する**ことである。後者ならば買い場の到来だ。ただし、個別銘柄において業績が横ばいの状況で株価が下がった場合、私の経験からすると株価の戻りが遅い。有効性は△と判断する。故に割安株投資では業績が上向きの銘柄を狙うのが基本となる。

③業績拡大と株価下落の同時進行（業績⬆株価⬇有効性◎）

業績が順調に拡大しているにもかかわらず、株価は逆に下落することもある。長年業績が低迷し続けてきたソニー（東1・6758）も、12年に平井一夫氏が社長に就任して以降は改革が順調に進展してきた。近年はヒット商品を連発してもいる。ところが、15年は相場全体が低迷し、そのあおりを受けて同社の株価も大きく下落した。

図4

日経平均株価の推移

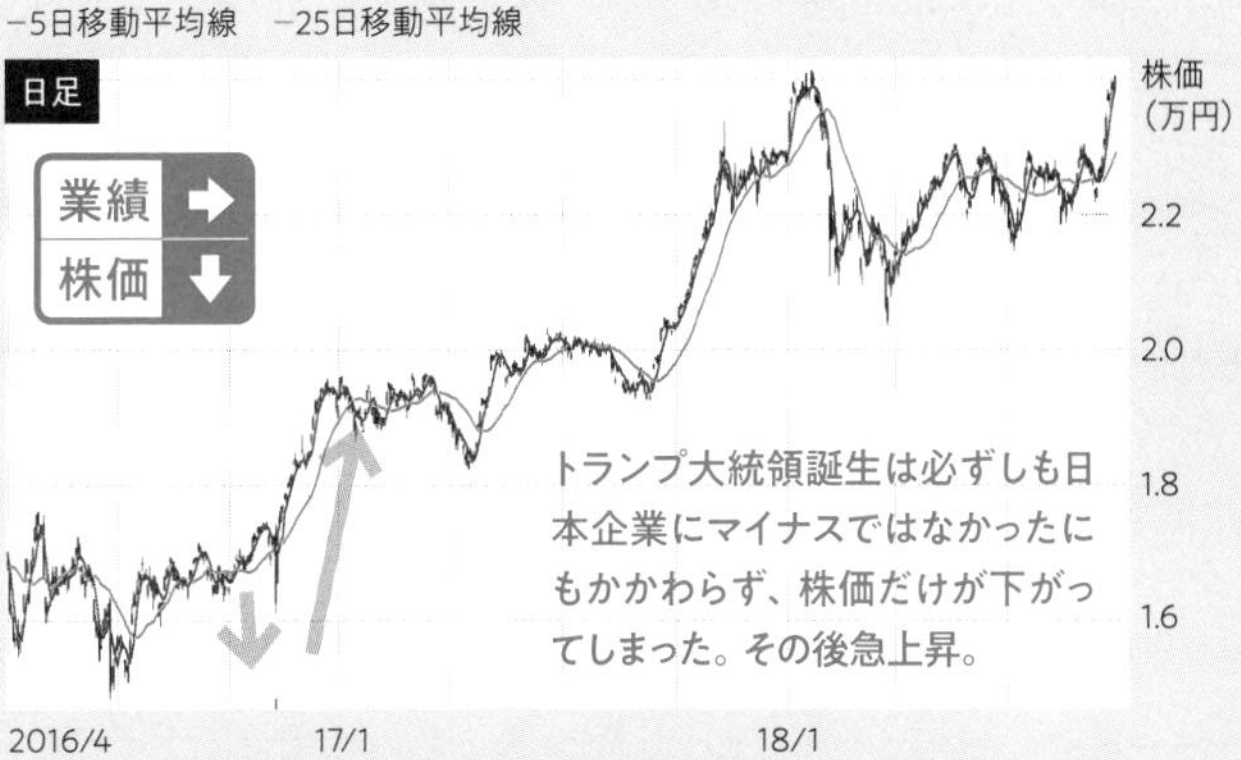

図5

ソニーの株価推移

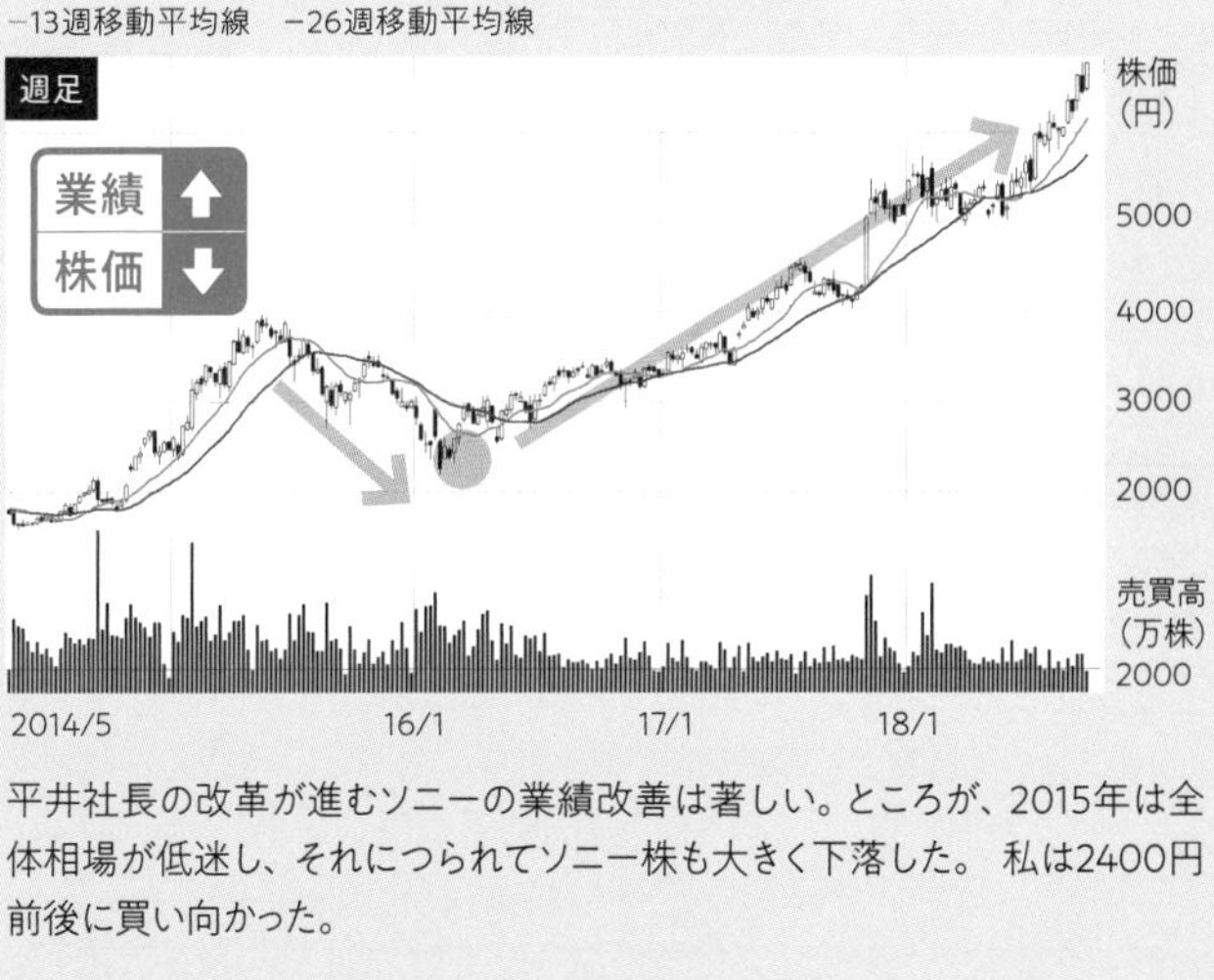

平井社長の改革が進むソニーの業績改善は著しい。ところが、2015年は全体相場が低迷し、それにつられてソニー株も大きく下落した。 私は2400円前後に買い向かった。

このように**業績拡大傾向の企業の株価が相場全体の動きに連動して下落した時こそが、絶好の買い場**である。私は、ソニーの株価が2400円前後の時点で買い向かい、大きく儲けることができた。

❹株価上昇以上の業績拡大（業績⇈株価↑ 有効性○）

企業があまりに大きく業績を改善させた時には、市場はその材料をすぐに株価に織り込めないことがある。例えば、美容家電メーカーのヤーマン（東1・6630）。同社が16年8月に発表した業績の上方修正は強烈だった。注力している家庭用ムダ毛処理機が大ヒット。17年4月期の純利益が前期比2倍以上に増加し、さらなる上方修正も見込める状況だった。

しかし、株価の方は翌日だけストップ高になったものの、その後は数日にわたって膠着《こうちゃく》を続けた。振り返ると、このもみ合い期間こそ絶好の買い場だった。その後、業績と株価の差を埋めるように株価は上昇。2度目の上方修正を受けて3倍以上になった。

図6

ヤーマンの株価推移

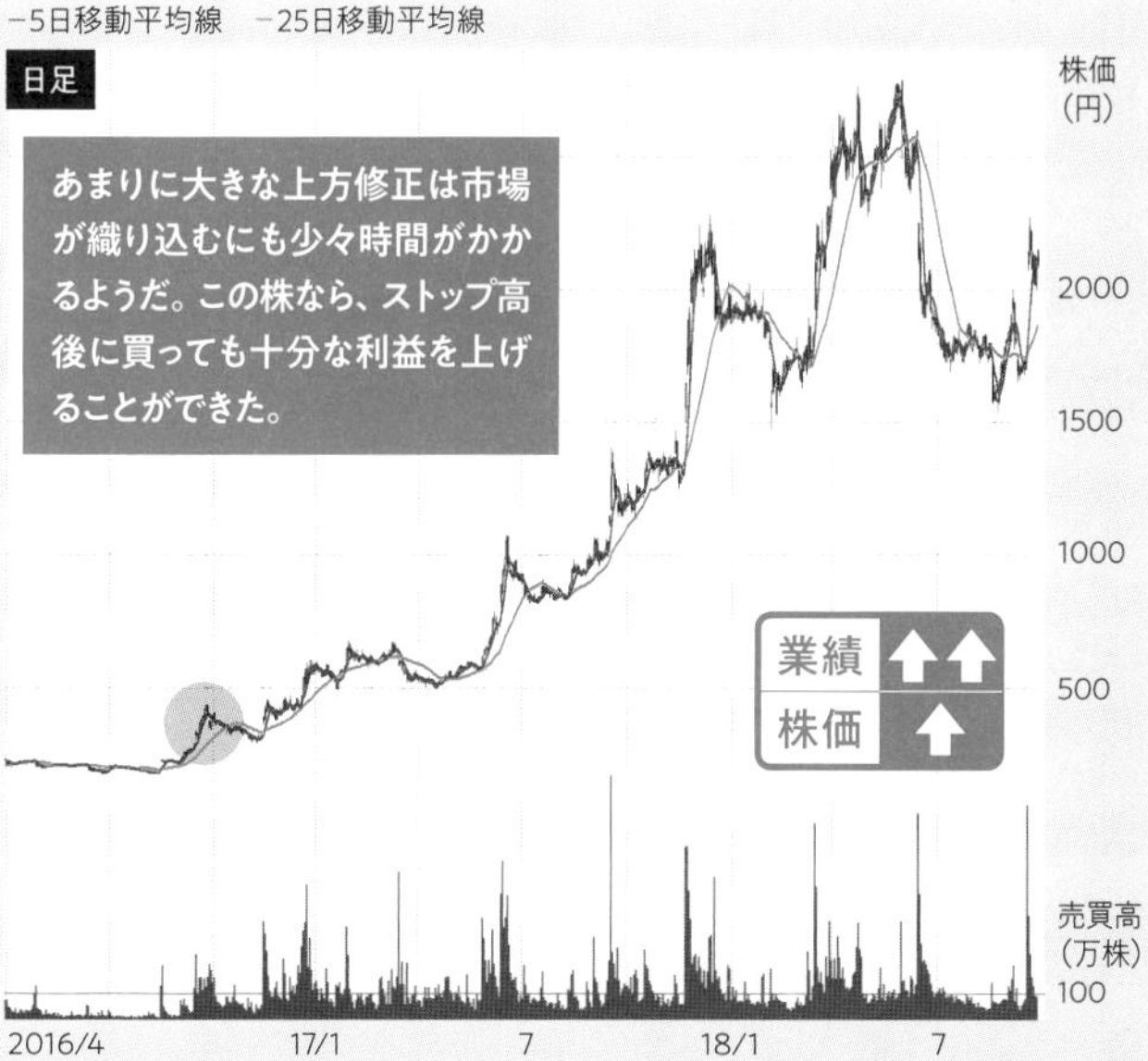

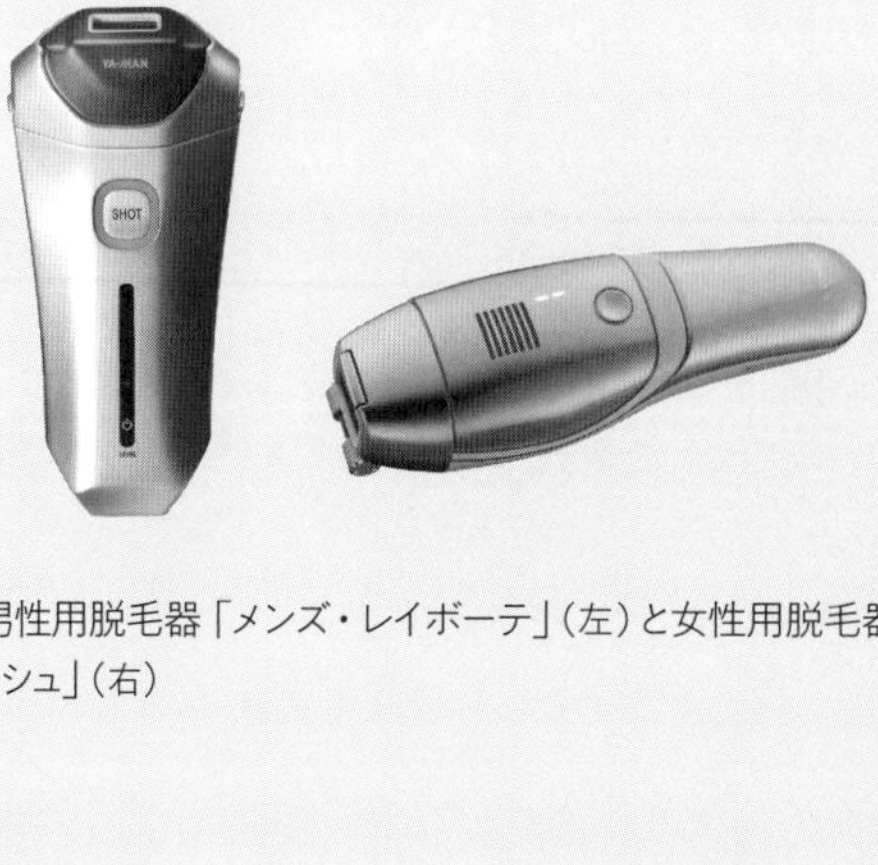

ヤーマンの男性用脱毛器「メンズ・レイボーテ」（左）と女性用脱毛器「レイボーテR フラッシュ」（右）

警戒すべき5番目のケース

以上、4つのパターンを見てきたが、いずれも企業の実力を市場に参加している**投資家がきちんと評価できなかったために業績と株価に大きな乖離が発生して、大きなチャンスがもたらされている**。

ただし、幾つかの注意点がある。まず、5つ目のパターンとして、業績悪化以上に株価が下落するケースがあることだ。この場合は、理屈の上では業績と株価の差が開いて、株価は割安になっていることになる。しかし経験上、業績低迷が続く銘柄の下げ過ぎは反発力が弱く、さらに売り込まれるリスクが大きいので、お薦めできない。どうしてもその株を買いたいなら、業績改善の道筋が十分に見えてからでも遅くはない。

もう一つの注意点は、自分が企業をよく理解していない場合だ。この場合は株価の下落を見ても、割安さが拡大しているのか、それとも自分には理解できない理由による業績悪化を市場が織り込んでいるのかを判別できず、適切な対応を取れなくなる。実はこの点こそが個別株の長期投資で最も難しく、そして面白い部分でもある。**投資先の会社を知る努力は惜しむべきではない**が、**自分の得意な業種に限定する**、日用品や食品、医薬品といった需要が安定していて景気変動の影響を受けにくい**「ディフェンシブ銘柄」に絞り込む**といった工夫も重要だ。こうした弱みの克服方法は、第4章で詳しく説明する。

POINT3

業績と株価が乖離したら買いの好機

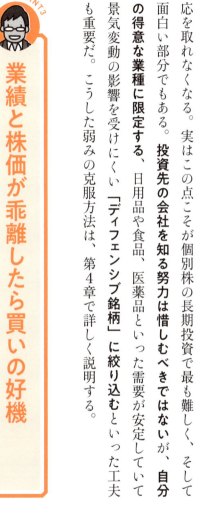

COLUMN 02

『会社四季報』を読破する②

44ページのコラム1に続いて、東洋経済新報社の『会社四季報』(以下、四季報)から有望株を見つけるコツを解説する。

まず、読破するといっても、全ての銘柄の全項目を完全に読みこなすわけではない。大半の銘柄はざっと読み飛ばしていく。企業名と特色、各種の指標(PER、PBR、ROE、ROA、時価総額、自己資本比率、キャッシュフロー、有利子負債、予想配当利回りなど)、株価チャートと業績の推移をパッと見て、割安さや成長性の観点から「買えるものか、買えないものか」を判断していくのだ。

最初は時間がかかるかもしれないが、やることはワンパターンだ。主に次ページで示したポイントをパッと見て、さっと判断する。この繰り返しだ。慣れてくれば、1週間程度で読破できるようになるだろう。

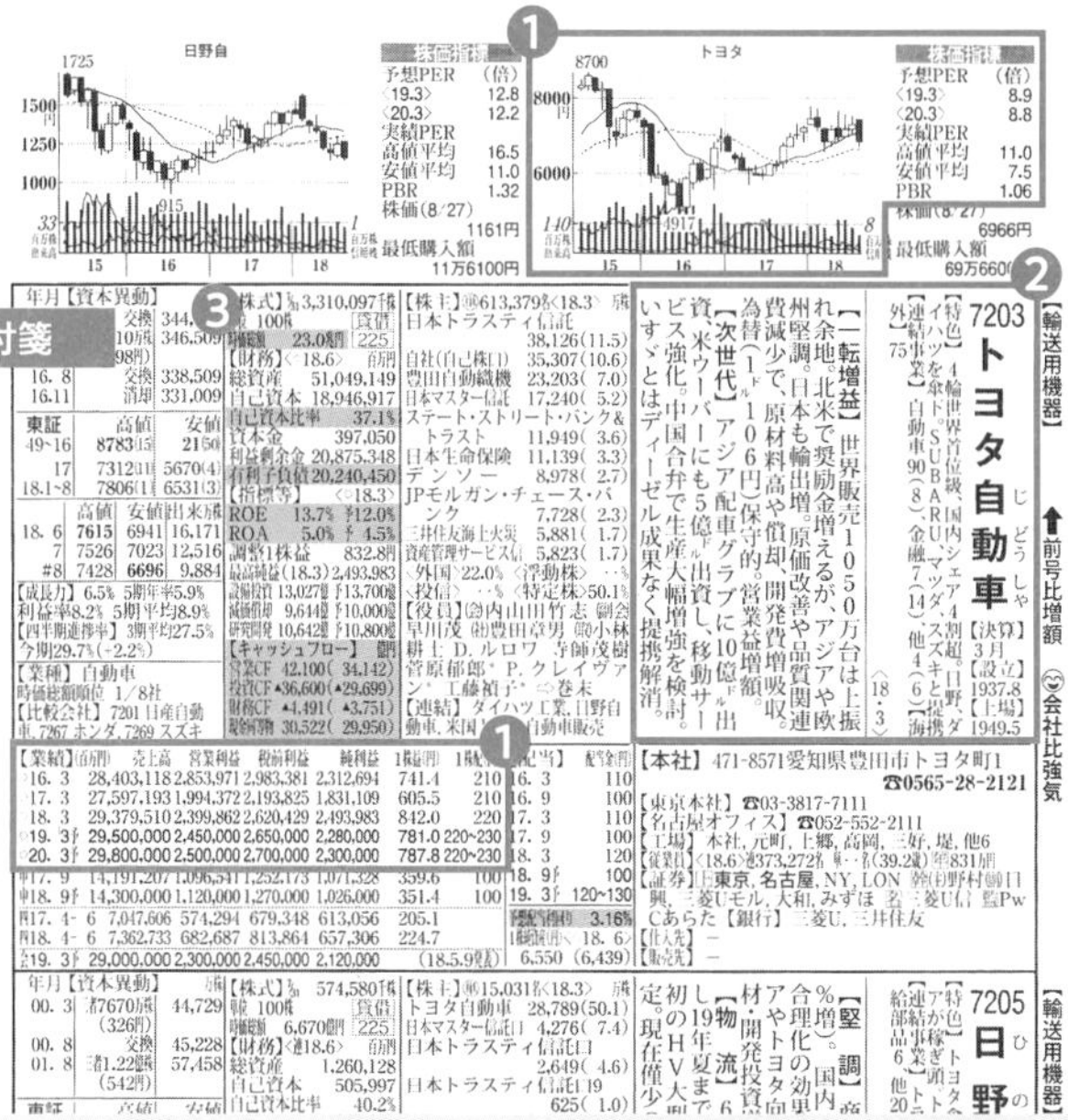

❶右上の予想PER・PBR及びチャートと左下の業績推移を同時に見るイメージ。業績が安定して拡大していれば、成長株候補。 さらに業績が良いのにチャートが下落していたり、業績の割にPERが低いと感じたりした場合、割安株候補となる。パッと見て、違和感を抱けるようになろう。

❷次に企業名と文字情報から、今後の業績拡大のヒントを得る。あなたの実体験と結びつくようなら、あなたならではの強みを生かせる銘柄と言える。

~ここまでで何の興味も持てないなら、次の銘柄に移る~

❸何らかの興味を持てるようなら、さらに時価総額、自己資本比率、ROE、ROA、キャッシュフロー、配当利回りなどを見て、有望度を総合判断する。

有望と判断できれば、❹付箋を付けて、次の銘柄に移る。

出所：『会社四季報 2018年4集秋号』(東洋経済新報社)、1310ページ

数字は絶対値で評価しない

ただし各々の株価指標は、例えば「ＰＥＲ10倍以下、ＰＢＲ1倍以下」などと絶対値で割安度を判定してはいけない。72～83ページの「企業の実力に比べ割安になる4つのパターンで好機をつかめ」で説明した通り、業績の推移も勘案して今後の成長性（業績の伸び）に対して割安かどうかを検討しなければならない。そうしないと、大化け株は見つけることはできないからだ。単に割安さだけを判断基準にするのなら、パソコンを使って機械的にスクリーニングをする方が時間の節約になるだろう。

同じことは、自己資本比率や有利子負債、キャッシュフローといった財務の健全性に関する指標についても当てはまる。業態やビジネスモデルを考慮しながら、複数の指標を照らし合わせて総合的に判断する。例えば、有利子負債の数字だけを見て借金が多いと判断してはならない。同時にキャッシュフローの最下段に記載されている現金同等物の額と比較して保有現金に対して借金は過大かどうかを見たり、時価総額と比較して企業の規模に対して借金が過大かどうかを調べたりして、財務の健全性を総合的に判断していく。

成熟産業で気を吐く企業

少し話が抽象的になってきたので、具体例を挙げて説明しよう。2018年9月14日に発売されたばかりの四季報の最新号、18年4集秋号を読み進めていると、長谷工コーポレーション（東1・1808）という銘柄に目が留まった。マンション建築首位の実力企業である。

まず、19年3月期に対する予想PER5・1倍、20年3月期に対する予想PER6・1倍というのが非常に割安に感じられた。見出しには「手応え」とあり、業績予想を見ると、売上高・営業利益・経常利益などが順調に拡大している。1株益は20年3月期に238・8円と、19年3月期の282・5円から減少しており、業績がピークを過ぎている可能性が懸念される。しかし、営業利益は順調に拡大と予想しているので、恐らく何らかの一時的な要因で19年3月期に特別利益が発生したのだろうと予想される（後の調べで子会社売却による特別利益の計上が判明）。長期的な観点からは、このような一時的な利益計上は割り引く必要があるが、その分を考慮しても、この会社の予想PERは10倍を大きく下回り、東証1部に上場する全銘柄の予想PERの平均である14・74倍（18年9月14日時点）と比較しても割安に感じられる。

ROE27・1％、ROA10・5％は「さすが最大手の高収益企業」という数字で、小型の成長株のような収益性だ。有利子負債の1258億円は大きな金額に感じるが、キャッシュフローの一番下にある現金同等物の2068億円と比べれば小さく、実質は無借金経営だと分かる。配当利回りの3・45％も好ましく、業績が順調なら、高い配当利回りと割安さの是正から、今後3〜5年間の期待リターンは1・5〜2・0倍程度を期待してよさそうだ。

株価チャートを見ると、過去3年ほど1000〜2000円の範囲で推移しており、この期間の順調な業績拡大を織り込んでいないように見える。73〜83

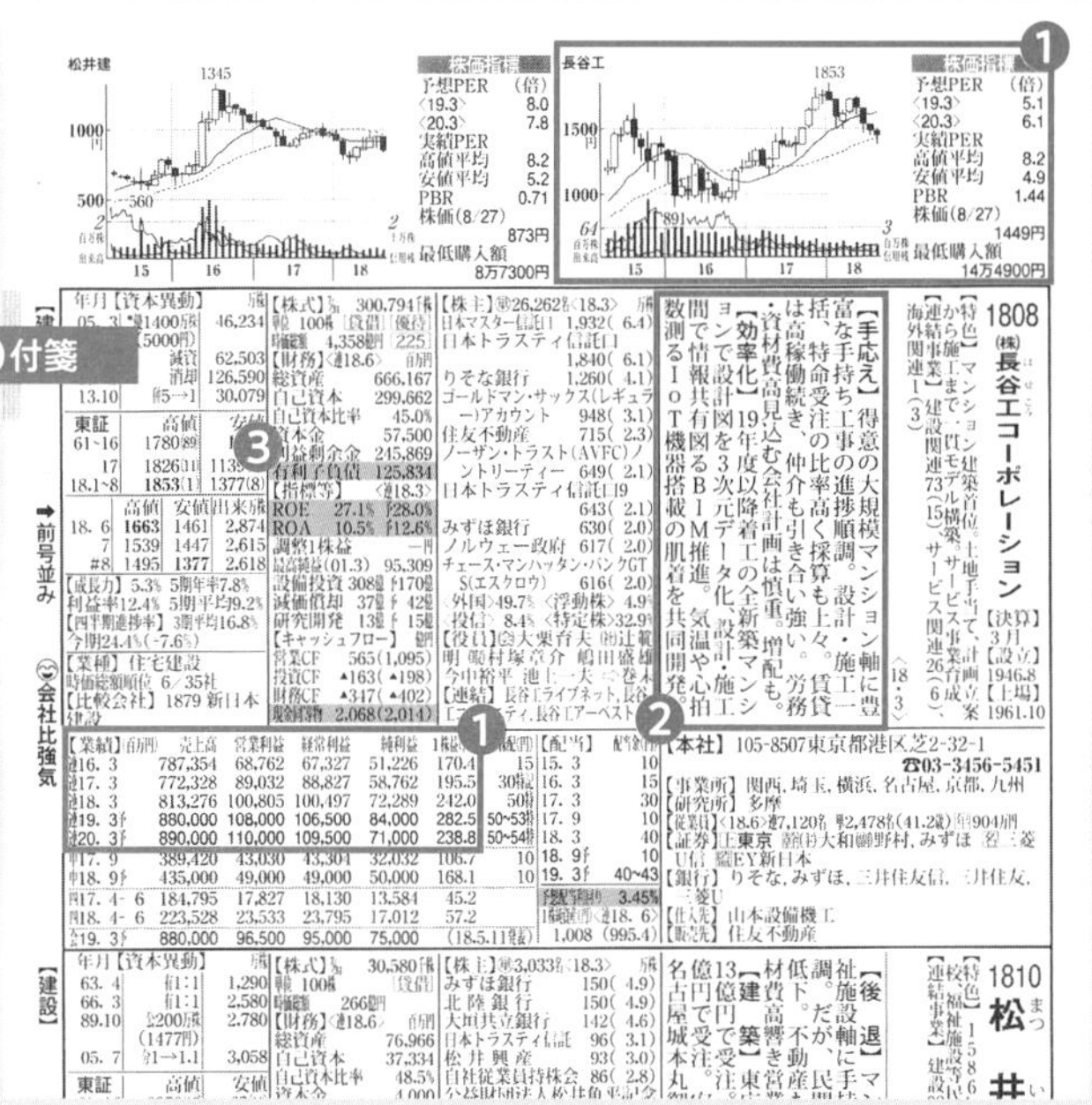

❶業績が順調に拡大しているのに、チャートはやや横ばいで、株価は3年前と同水準である。予想PER5～6倍という水準にも割安さを感じる。

❷文章を読むと、強気なイメージであり、私自身の実体験からも、市場はこの会社の将来を悲観しすぎているかもしれないと感じる。

❸ROEやROAは収益性の指標だ。この数字が大きいと、成長投資や株主還元に回せる資金が大きくなる。有利子負債は単独で見てはいけない。同時に現金同等物と比較する必要がある。この会社の場合、「現金同等物2068億円>有利子負債1258億円」であるため、いざとなれば、借金を全て返済しても、まだ現金同等物（810億円）が残る。

❹付箋を付けて次に進む。

出所：『会社四季報 2018年4集秋号』（東洋経済新報社）、107ページ

ページで説明したバリューエンジニアリングの応用で考えると、「業績⬆株価➡」の状態といえる。恐らく株式市場は、19年10月に予定されている消費再増税に伴う駆け込み需要や20年の東京五輪後の反動を先取りして、会社の将来性をネガティブに評価しているのだろう。ただ、業界首位で顧客からの特注案件も多いこの会社の受注が本当に落ち込むだろうか?

さらに、個人的な気付きもこの株の購入を後押しする。というのは、17年に私はこの会社が施工したマンションを購入したのだが、今どきのマンションの住み心地にいたく感動しているのだ。ロビーにはコンシェルジュが待機し、セキュリティーやサービスは行き届いている。設備や仕様も良く、プライバシーも確保されている。利便性も高く、眺めも良い新しい暮らしは、戸建てとは違った良さがある。

いつものように何か消費行動を起こしたときには、その会社のことも調べるようにしているのだが、最近のマンション事情を検索すると、以前に比べてマンションの供給量は大きく落ち込む一方で、高級化が進んで一等地の富裕層向けはよく売れているという。「金持ちは土地付きの豪邸に住む」という思い込みは捨てた方がよさそうだ。長谷工は、長期的に縮小が見込まれる上にクレームが多くて他社の嫌がるマンションの建設にあえて特化し、圧倒的な競争力で市場シェアを高めている。この会社は大手建設会社の一角とみなされているようだが、ハウスメーカーと捉え直した方がよいのかもしれない。私はこの会社のように株式市場が見放した成熟産業の中で一人気を吐く成長企業が大好きだ。ただ、マンションの購入を決めたときには私もマンション業界全体の先行きを暗く感じており、購入は見送っていた。しかし、改めて四季報の最新号を読みながら、「再度検討に値する」と感じたのである。

ストーリーの検証も忘れずに

このくらいの分析を終えると、おもむろに付箋を付けて、いったん次のページに移る。ここで述べたストーリーは、あくまで四季報と自分の体験だけを根拠に立てた仮説であり、私は購入候補の銘柄を一つ見つけたにすぎない。さらにその会社のホームページで決算書を調べたり、検索サイトでニュースを検索したりして、その仮説が正しいかどうかのウラ（証拠）を取る必要がある。長谷工の場合は駆け込み需要や五輪後の反動が本当にこの会社にも影響するのか、スルガ銀行の不祥事などのあおりを受けて銀行からの借り入れが厳しくなった場合、あるいは今後、金利が上昇した場合に、この会社にどの程度の影響が出るのかといったことも検討する必要があるだろう。

四季報を1冊読破すると、恐らくこうした有望株を数十銘柄は見つけることになると思う。次にすべきは、これらの有望株同士の比較、さらに既に保有している銘柄との比較だ。それらの比較の結果、選りすぐりの数銘柄だけを購入するようにする。この最後の選別によって投資力が養われるのである。整理すると、「❶四季報で有望株を探す→❷ホームページなどで詳しく調べる→❸他の有望株や保有銘柄と比較する→❹株式の購入に踏み切る」という手順になる。

「SNS（交流サイト）やネットの掲示板で話題になっている株を買う」とい

った初心者が陥りがちな投資行動との大きな違いは、深さと広さだ。初心者はどうしても視野が狭くなりがちで、話題になっている噂のようなものに意識を集中させてしまう。そうではなく、幅広く銘柄を調査して、有望株については深く研究した上で他の銘柄と比較検討するという手順を身に付けよう。

もっとも、長谷工のように目が留まる銘柄ではなく、割安さや成長性の観点から何の興味も持てないような銘柄については、特に時間をかける必要はない。パッパ、パッパ、パッパと読み飛ばして時間を節約しよう。もしかすると、読み飛ばした中にも大きく値上がりする銘柄があるかもしれないが、「ご縁がなかった」くらいに思って執着しないことだ。

四季報通読の注意点

最後に幾つか注意点を挙げておきたい。まず、各社の四半期決算が発表されてから四季報が発刊されるまでには1カ月かそれ以上の時間差がある。データの新鮮さという観点からは価値が低く、はっきり言って短期トレードには向かない。あくまで中長期投資を前提にしてほしい。

また、同じ理由から発売直後に気合を入れて誰よりも早く読破するという努力も空しい。1カ月以上かけて読破しても別に問題ないし、購入候補を選んでおいて、次の四半期決算の内容を見てから買うという判断でも、間に合うケースがある。大きなサプライズでもない限り、業績の反映やそこから生まれる割安さの是正といった株価の変動は、決算発表の直後に瞬時に解消されるものでもない。数カ月がかりで徐々に修正されるケースも多い。素早さよりも正しく見る目を鍛えることが重要である。

つなげよう

PART

3

原理を知る

つなげよう

「株価を形成している原理原則 その一つひとつを理解しよう」

この章では、「つ・な・げ・よ・う分析」の3番目にある「(げ)原理を知れ」について説明していく。初心者の方は意外に思われるかもしれないが、**株価は幾つかの単純な原理原則に基づいて動いている。ただ、幾つかが組み合わさることで複雑に見えるだけ**なのだ。

株価は未来を反映する

それでは、最初に知っておくべき原理原則を示そう。それは、**株価は未来の業績を反映させながら変動する**というものだ。ある会社が前年にどれだけ儲け

「つ・な・げ・よ・う分析」の5つのスキル

つ
強みを知れ
➡自分ならではの強みを理解する

な
流れを知れ
➡複雑な株価の流れを理解する

げ
原理を知れ
➡株価が決定する原理原則を理解する

よ
弱みを知れ
➡個人投資家や人間ならではの弱みを理解する

う
ウラを取れ
➡決算書や会社資料で必ずウラを取る

たかという事実は、既にその会社の株価に織り込まれている。だから、前年度の業績を根拠に株を買っても、値上がり益はほとんど得られない。大切なのは未来である。

今後業績が上向くようであれば、いずれ株価は上昇する。その逆であれば下落する。決算発表で前期の素晴らしい実績を発表した途端に、「材料出尽くし」などと判断されて株価が下落する。業績の下方修正を発表したにもかかわらず、翌日から株価が上昇する。こうした一見不思議に思われる現象も、株価は未来の業績を反映させながら変動するという原理原則を知っていれば、理解することができるだろう。

では、株価が織り込む未来はどの程度先のものなのだろうか？　日経平均株価に採用されている企業の予想PER（株価収益率）の平均は15倍前後である。収益が同じであれば、現在の株価による投資は15年で回収できることになるから、15年程度先の未来を株価は織り込んでいると言えるのだろうか？　そんなことはあり得ない。15年も先の未来は絶対に予想できないからだ。どれほどあ

図1

ここ15年の日経平均株価の推移と主な出来事

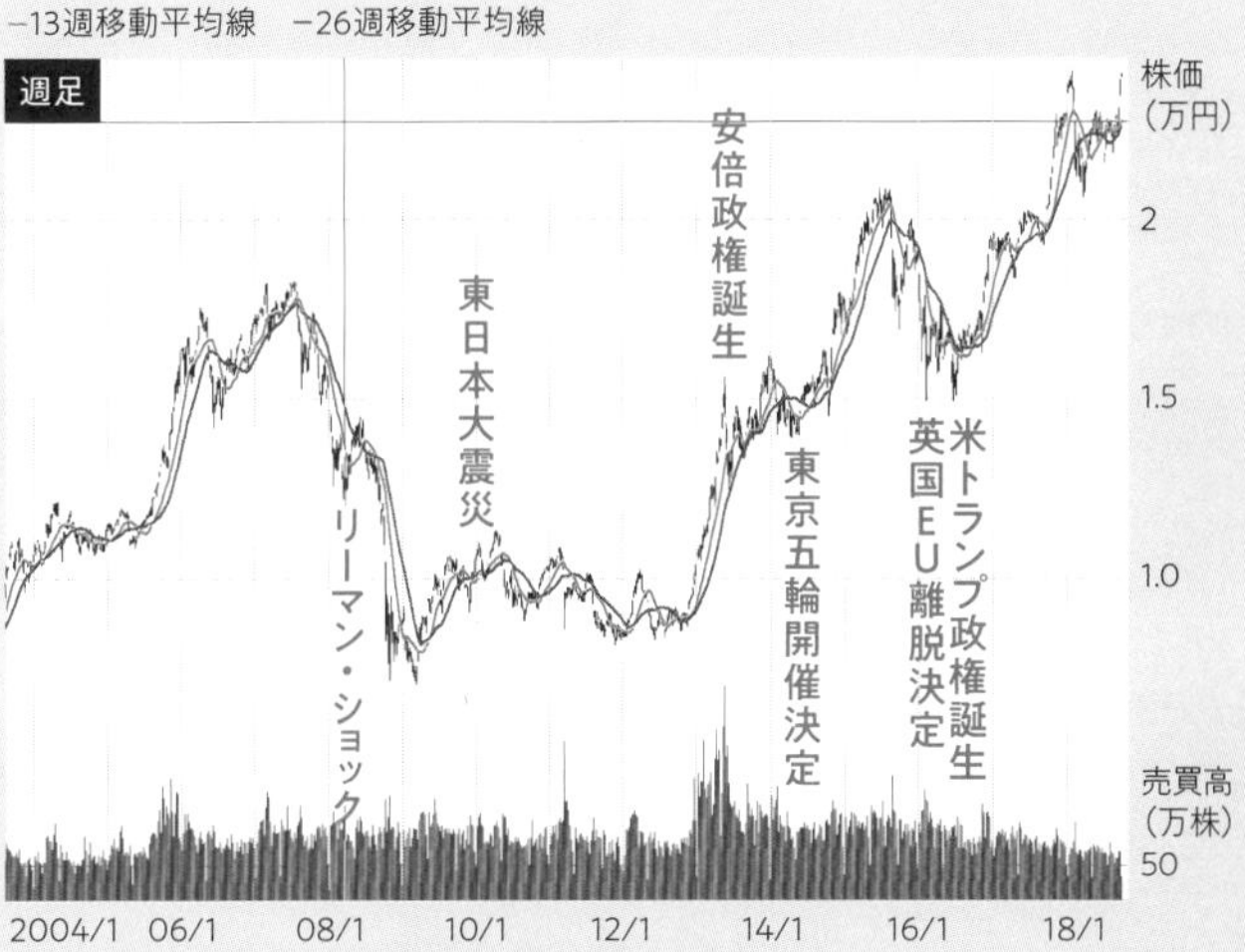

現在の自分　　15年前の自分

り得ない話かを想像する方法が一つある。過去に遡って今が予想可能かどうかを想像することだ。15年前にタイムスリップし、15年前の自分に会ったとしよう。しばらくして15年前の自分は事態をのみ込み、おもむろにあなたに聞く。

「日本経済は今後15年でどうなるのか?」

さあ、あなたはどう答えるだろうか。2008年のリーマン・ショック。11年の東日本大震災と原発事故。12年の第2次安倍晋三政権の誕生。13年の質的量的金融緩和導入と東京五輪開催決定。16年の英国の欧州連合(EU)離脱決定に米トランプ政権の誕生……。これらの話を聞かされた15年前の自分は「リーマン・ショック? 原発事故? まさか!」などと腰を抜かすだろう。そのくらい未来とは読めないものなのだ。

一般的には株式市場は、**数カ月から長くても3年程度先の業績を織り込みながら株価を形成している**といわれている。もっとも、企業ごとに織り込まれている未来は異なる。時期によっても先が見通せることがあったり、急に見通しが悪くなったりする。例えば、リーマン・ショック直後は全く先が読めなくなり、極めて近視眼的な判断をせざるを得なくなった。競馬と違って必ず決まったゴールがあるわけではなく、「おおむね数カ月から長くて3年程度先の近未来」としか言えない。**株式投資家はそのアバウトさを受け入れる必要がある。**

一方で、過去15年にこれだけ様々なことが続いて起きたにもかかわらず、日本企業や日本政府はそれなりにうまく対応してきた。さらに15年前の自分は聞いてくる。

「それで、15年後の日経平均株価はいくらなんだ？」

「18年9月26日時点で2万4033円79銭だ」という返事に、恐らく15年前の自分は困惑するだろう。当時（03年9月26日）の終値は1万318円44銭である。これほど下がっていた背景には、日本国債がデフォルト（債務不履行）に陥るかもしれないという懸念があった。それが、その後にリーマン・ショックに東日本大震災という想像を絶する金融危機や国難を経験したにもかかわらず2・3倍にも上昇しているのだから、困惑するのも無理はない。

企業の変化対応力も反映

この事実から一つ言えるのは、15年も先の業績は絶対に読めないが、**企業は様々な変化に対応する能力を持っている**ことだ。当然、**株式市場はその能力を企業価値として株価に反映させる**。

左ページの図は、株式市場が妥当と考える業績予想の概念図だ。株式市場は企業の成長（あるいは衰退）について、数カ月から長くて3年程度先までを株価に織り込む。ただし、数カ月から3年程度先といっても、正確に予想できない。そのため、台風の予想進路図のように恐らく進んでいくだろう方向の範囲を予想し、最も妥当と思われる点をターゲットにして、株価に織り込む。

ここから先は誰にも分からない。素晴らしいヒット商品が出て大きく成長するかもしれないし、景気の波に翻弄されて業績を大きく落としてしまうかもしれない。しかし、企業にはその後も生存し続ける能力はあるはずだという前提で、±0％成長として企業価値が算定されていると考えられる。日本経済新

PART1
つ 強みを知る
PART2
な 流れを知る
PART3
げ 原理を知る
PART4
よ 弱みを知る
PART5
う ウラを取る

図2

市場が妥当と考える業績予想の概念図

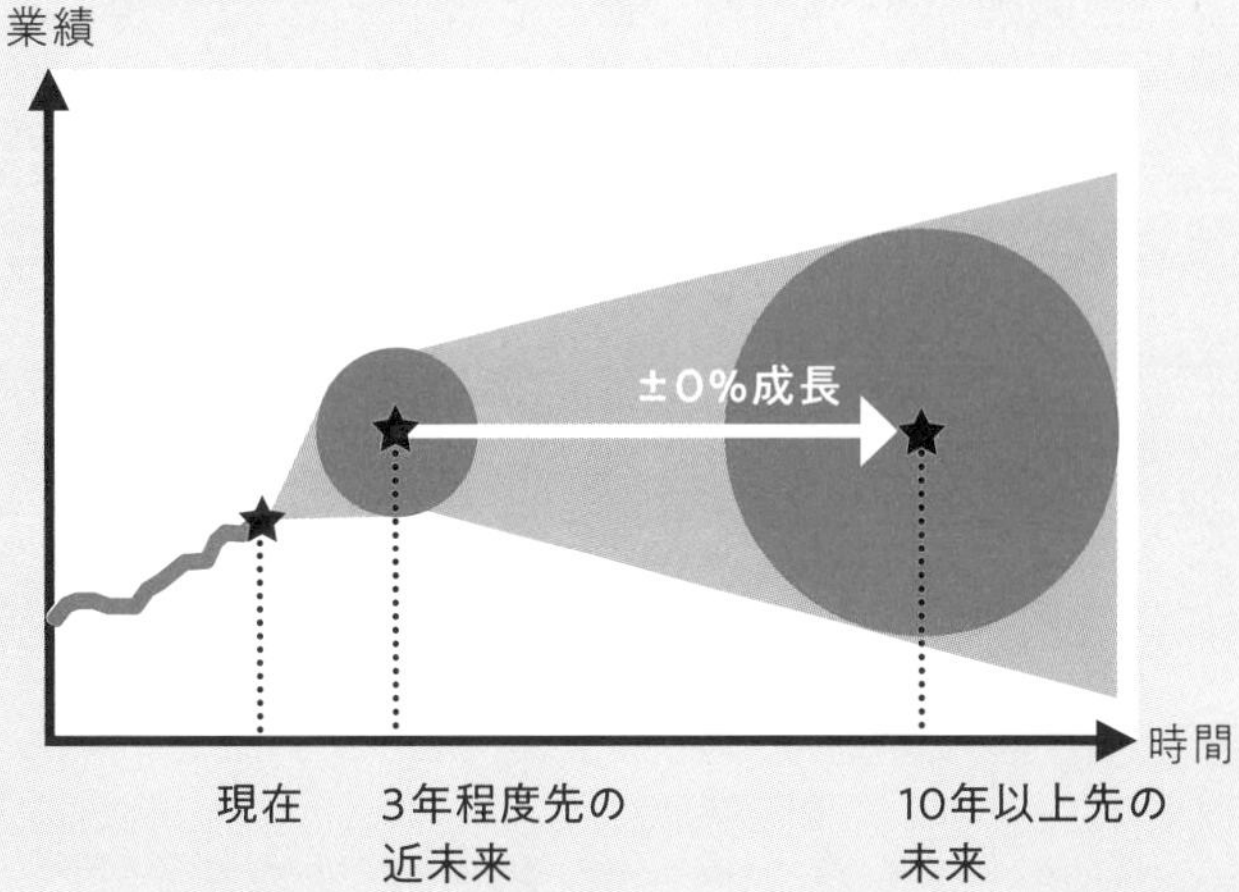

図3

シナリオに基づく期待成長率の算出法

	A 近未来の利益成長	B 確率	A×B 期待成長率
最高にうまくいく	80%	20%	16.0%
まずまずうまくいく	15%	40%	6.0%
あまりうまくいかない	0%	30%	0.0%
大きく失敗する	▲40%	10%	▲4.0%
合計			18.0%

期待成長率：リスクを考慮した成長率のこと
注：▲はマイナス

聞の株式欄で、どこかの証券アナリストが「この会社の株価は既に2年先の業績を織り込んでいる」などとコメントしている記事を読んだら、この概念図を思い出すとよいだろう。

様々な可能性を織り込む

さて、台風の予想進路図が出てきたところで、もう一つ重要な原理原則を説明しておこう。**株式投資をするのであれば、「リスク」という言葉を忘れてはならない**。あなたは株を買った瞬間から常にリスクと付き合うことになる。では、株式市場はそのリスクをどう株価に反映させているのだろうか。

最もオーソドックスで説得力のあるやり方は、次のようなものだ。仮にあなたが投資しようと考えている会社が、戦略的な新商品を発表したとする。この新商品がうまく売れれば、今後2年間で80%の利益成長が見込めると会社は説明する。しかし、それは「うまく売れれば」の話だ。投資家は常にそうならない可能性も検討する必要がある。ライバルだって黙ってはいない。さらに上を行く強力な対抗商品を出して、この会社の狙いを完全に打ち砕く可能性もあるだろう。

リスクの考え方は、105ページの下の表のようになる。幾つかのシナリオを用意して、それぞれのシナリオが実現した場合の利益成長（A）を予想する。次にそれぞれのシナリオが実現する確率（B）をはじき出す。そしてAとBを掛け合わせたものを計算する。最後にその縦軸を合計して、この場合は18％という数字（期待成長率）を導き出す。

ここまで書くと、「そのシナリオや確率はどの資料に示されているのか」と聞きたくなるだろう。残念ながら、そういう受験勉強的な答えは株式市場には存在しない。あくまであなた自身が予想し、計算すべきものだ。もちろん、ネット上で専門家の意見やどこかのブログの個人的な意見を読んだり、あるいは『日経マネー』などの専門誌の記事を参考にしたりしても構わない。網羅的に全銘柄の業績予想を知りたいなら、『日経会社情報』や『会社四季報』を参考にするのもいいだろう。ただ、それらはあくまで参考資料にすぎず、**最終的な判断は実際に資金を投入するあなた自身で下すべき**ものだ。

当然ながら、これらのシナリオは人によって異なる。最高にうまくいく可能性を60%程度と見込んだ強気の人は「今の株価を割安」と判断して買いを入れるだろう。他方、ネガティブな数字を想定している人は「今の株価は高い」と判断して売る。こうして、多くの人々の様々な予想が株式の売買という形を取って一つの点、つまり、予想進路図の★部分が導き出され、近未来の業績が株価に織り込まれていくのである。

POINT1

株価は複数の単純な原理で変動する

つなげよう

株価変動の原理を押さえて自身の投資ストーリーを描け

ここでは**株価は金利水準の影響を大きく受ける**という3番目の原理を説明しよう。2018年9月28日時点で、メガバンクの一角を占める三井住友銀行で定期預金をしても、金利はわずか0・01%しか付かない。300万円を預金しても、1年後に得られる利息はたったの300円だ。一方、同行の持ち株会社である三井住友フィナンシャルグループ（東1・8316）の株を買って得られる配当の予想利回り（今期予想の配当を株価で除して算出）は3・70%である。仮に同社の株を300万円分購入すれば、1年で11万1000円の配当が手に入ることになる（＊）。

＊＝利息や配当利回りの数値は、税金を考慮していない

3番目の原理が及ぼす作用

6年ほど前、会社の部下から「家内には内緒で三井住友銀行に隠し預金があります。そのカネを株で増やしたいのですが、どの銘柄を買えばよいでしょうか」と相談されたことがある。その時に私は「どの株を買うかは自分で考えるべき問題だ。ただ、三井住友銀行に預金しておくなら、三井住友フィナンシャルグループの株を買う方がマシだとは思う……」とつぶやいた。

当時は2500円以下だった三井住友フィナンシャルグループ株の配当は100円だったため、配当利回りは4%を超えていた。その後、毎年のように増配され、18年3月期には170円もの配当が出ている。逆算すれば当時の投資額に対する配当利回りは6・8%にもなる。株価も15年8月には2・3倍の5770円まで上昇し、18年9月28日の終値も4586円と、6年前の1・8倍の水準にある。結果論かもしれないが、彼が三井住友フィナンシャルグループの株を買っていれば、預金しておくよりもかなりマシな資産運用ができていたことになる。

ただ、**配当利回りに着目した投資は、外部環境の変化によって裏目に出てしまうケースがある**ので、注意が必要だ。もし、これから定期預金の金利が大きく上昇して1991年に付けた過去最高の5・7%になったとしよう（そんな時代もあったのだ……）。金利が5・7%なら300万円を預金するだけで毎年約17万円の利息がもらえる。そのような状況で3・70%の配当利回りを求めて株を買うだろうか？　答えは「ノー」だろう。恐らく株式に投資する投資家の多くは、より高い利回りを求めて増配や成長を企業に要求するようになる。応えられない企業の株は売られて株価は下落するだろう。

このように、**金利が上昇すれば株価が下がる方向に圧力がかかり、金利が低下すれば株価は上昇する**という原理が存在する（もっとも、三井住友フィナンシャルグループに限って言えば、金利の上昇が収益を拡大させる可能性もあるので、そう単純な話にはならない）。

図1

三井住友フィナンシャルグループの株価推移

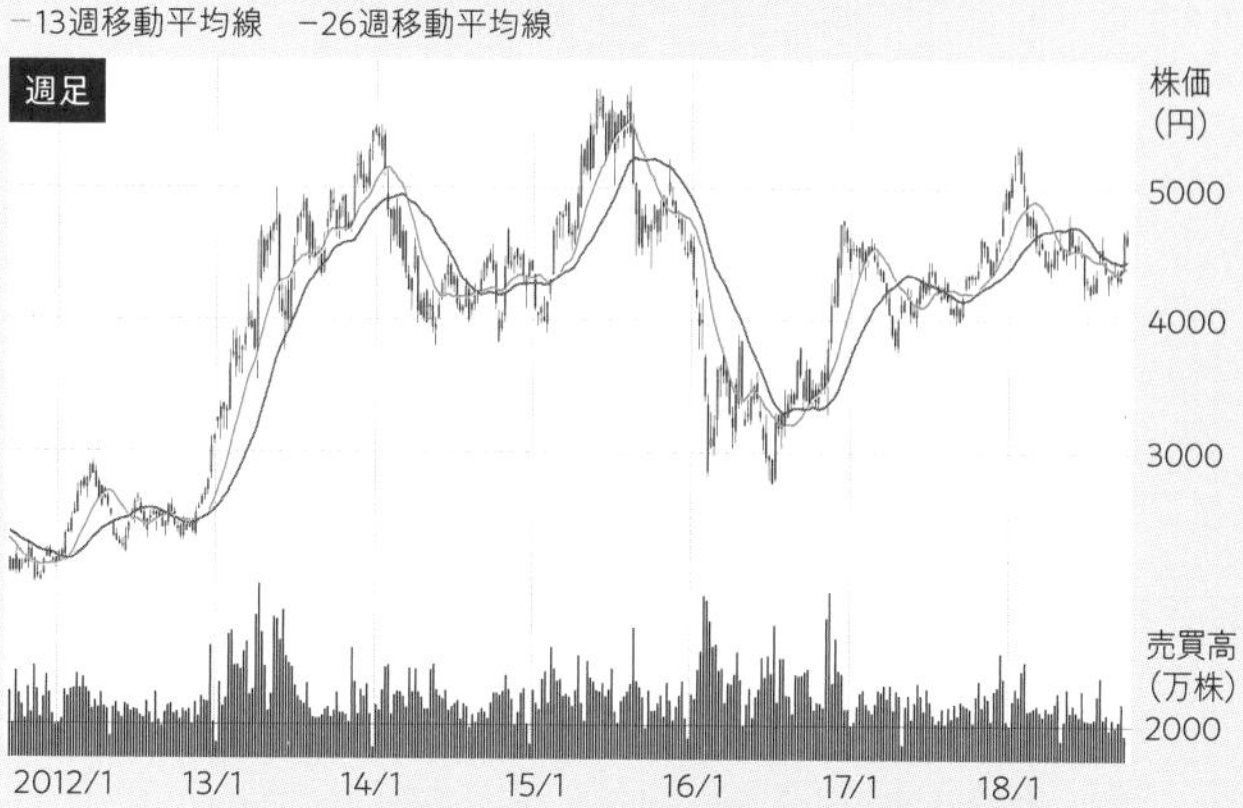

図2

外部環境の変化が3つの原理を通じて株価を左右する例

外部環境	原理1（業績）	原理2（リスク）	原理3（金利）	総合判断
急激な円高（輸出企業）	為替差損↓ 国際競争力低下↓	リスク増大↓	金利低下↑	↓
政治の安定	経済政策に期待↑	政治リスク低下↑	——	↑
金融緩和	金利負担低下↑	——	金利低下↑	↑
景気拡大	業績拡大↑↑	——	金利上昇↓	↑
戦争勃発	（企業によって影響は異なる）	リスク増大↓	——	↓

注：↑と↓は株価の上昇と下落を表す

他の要因も原理を通じて働く

もし**成長株投資で財産を増やしたいと考えているなら、3つの原理を覚えておけば十分**だ。短期的なゆらぎを除けば、株価の変動のほとんどは3つの原理で説明できるからである。こう記すと、「えっ？　じゃあ、為替や政治の安定は株価に影響しないのか？」などと疑問に思われるかもしれない。そんなことはない。実は**為替や政治は、3つの原理を通じて株価に影響を及ぼす**。

例えば輸出関連株の場合、為替が円高に振れれば、近未来の業績が悪化すると予想されて株価が下落する。つまり、株価は近未来の業績を反映しながら変動する原理1が作用するわけだ。一方、政治が安定すればリスクが下がるので、株価の上昇につながる。ここでは株価は様々なリスクを織り込みながら変動する原理2が作用する。さらに時の政権が強力な経済政策を推進すると期待されれば、企業業績に好影響を与えると市場が判断し、原理1の作用によって株価が上がるだろう。このような外部環境の変化が3つの原理を通じて株価にどのような影響を与えるか。幾つかの例を113ページの表にまとめたので、参考にしていただきたい。

ところで、私も他の人の投資ブログや読者の方々から頂いたコメントを読むことがあるが、その内容には投資のレベルに応じて明確な傾向が見られる。まず**初心者の方は、株価だけを見ていることが多い**。株価が上がるのか、それとも下がるのか？　その根拠さえも株価に求めている。だが、当然ながら、**株価だけ眺めていても今後の展開の予想はできない**。

やや投資経験を積んでいる人の場合はもう少し視野は広くなるが、その思考は飛躍していたり単純過ぎたりする。「円高だから日経平均株価は下がる。だから持ち株を売る」といった具合だ。実はこのレベルの方は株価だけを見ている全くの初心者よりも失敗しやすい。断片的な情報に振り回されてしまうからだ。円高が3つの原理のどこに影響し、自分の持ち株にどんな影響を与えるのか？　原理に落とし込んで株価への影響を理解する癖を付けるといいだろう。

一方、それなりに**成功を積んでいる方は株価変動の原理を理解し、業績の話をしているのか、リスクの話をしているのかを自覚している**。例を挙げよう。

「爆買いは収まったが、外国人観光客数は引き続き拡大している。恩恵を受ける旅客関連株の業績は今後も順調に推移するだろう。懸念材料は為替変動や日中関係の悪化だが、株価には割安感があり、その程度のリスクは株価に織り込まれている。日銀の金融緩和は継続すると考えて『買い』と判断する」

ちなみに、**「この人はとても投資力がある」と感じるタイプの人はさらに複眼的に物事を考える**。

「円高が進行して日経平均は大きく下げた。それに連れ安してこの銘柄も下げているが、事業モデルを分析すると、株式市場が考えているほどには円高の負の影響は受けない。むしろ構造改革が進展していて収益性は高まっている。量販店でこの会社の製品を確認したところ、人気商品と紹介されていた。引き続き為替リスクは存在するものの、為替が安定した後の成長性と割安さに着目してこのタイミングで買い向かおう」

原理 04

危機時は純資産

リーマン・ショックの直後、東証1部上場企業の利益の合計は赤字に転落した。このように、企業業績が極端に落ち込んだ場合は、3つの原理ではなく、純資産価値から適正な株価を推定した方がいい。この場合、PBR1.0倍が一つの基準と思えるが、このチャートは資産の売却コストなども考慮したPBR0.7～0.8倍付近が底値の基準と教えてくれる。

図3

TOPIXと東証1部上場企業PBRの推移

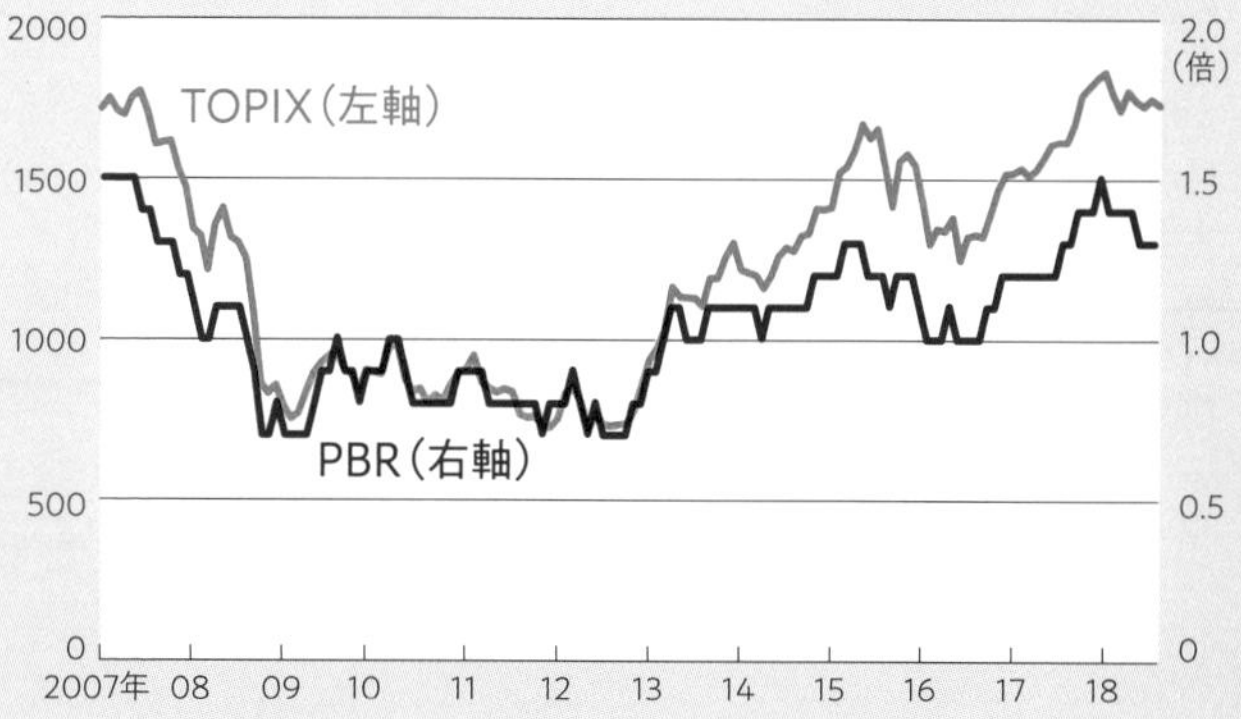

出所：日本取引所グループ

このように**株式市場の視点を理解しつつ、自分自身の分析と比較して独自の投資ストーリーを描ければ、上級クラス**と言える。

4番目の原理を知る効用

最後にもう一つだけ知っておくべき原理がある。**純資産価値から株価を推定した方がいいケースがある**という4番目の原理だ。

117ページのグラフは、2007年1月から18年8月までの東証株価指数（TOPIX）の推移と、東証1部全上場企業の株価と1株当たり純資産の合計から割り出したPBR（株価純資産倍率）の推移だ。リーマン・ショックが発生した08年9月頃から13年4月頃までは株価とPBRの動きは一致し、PBRは0・8倍前後で推移していたことが見て取れるだろう。

これは「底練り」と呼ばれる状態で、近未来の業績が極端に落ち込んだ場合、株式市場は企業価値の根拠を3つの原理ではなく、企業の保有する純資産の価値に求めていたと推察される。そしてPBRが1倍を超えた13年以降は、3つの原理を通じて株価が推移する状態に戻ったと考えられる。**極端に企業の収益**

が悪化した場合には、３つの原理ではなく、原理４を根拠に株価が動き出すと覚えておくといい。

　理論株価とかファンダメンタルズなどの概念は通常、４つの原理、つまり業績、リスク、金利、純資産で構成されている。詳しく知りたい方は「企業価値算定法」や「バリュエーション」などが題名に入っている分厚い本を何冊か読めばいいのだが、少々難解だ。まずは説明してきた４つの原理を理解して、自分なりの投資ストーリーをしっかりと描けるようにしたい。

POINT2

株価変動は４つの原理で説明できる

つなげよう

株価を動かす主体を意識し現在はどの相場か理解しよう

株価は通常、❶近未来の業績❷リスク❸金利水準——の3つの要因で変動する。ただし、企業が十分な収益を上げられない場合、4番目の要因の純資産価値から株価が決定されるケースがある。ここでは、これらの株価変動の原理を実際の投資にどう活用できるのかを説明する。

株価を動かす3つの主体

まず、4つの要因を決定づける「主体」に着目する癖を付けるといいだろう。**近未来の業績や純資産価値を決定づける主体は企業**であり、**金利水準を決定す**

る主体は日本銀行や米連邦準備理事会（FRB）などの中央銀行である。4つの要因は、それぞれ意思を持って変動している。その意思を持つ中心のことを、ここでは「主体」と呼んでいる。

では、リスクの主体は何だろうか？「リスクなんて世界中のあらゆる事象が主体だから、世界中のあらゆる事象を見ないといけない。そんなことは不可能だ」と考える人も多いだろう。しかし、私はやや異なる視点から、**リスクの主体は投資家**だと考えている。

世界中のあらゆる事象は、投資家の判断を通じて相場に影響を及ぼす。全く同じ事件が起きても、投資家の反応で株価の動きは変わってくる。投資家がうろたえれば大きく変動し、投資家の腹が据わっていて動揺しなければいくばくも動かない。つまり、**世界中のあらゆるリスクは投資家の心理を通じて株価に影響を及ぼしている**わけだ。常に企業、中央銀行、投資家という3つの主体を意識できれば、相場の動きを的確に把握できるようになる。

4つの異なる相場

また、**4つの株価変動要因の一つが株式市場全体を強く覆う現象**がある。それぞれに名前があるので覚えておこう。企業の業績の影響が大きい相場は「**業績相場**」、金融政策、すなわち金利水準の影響を大きく受ける相場は「**金融相場**」、リスクが支配する相場は「**波乱相場**」という。多くの企業が赤字に陥り、相場全体が純資産価値を根拠に動く状態は「**底練り**」などと呼ばれている。それぞれの相場の特徴を簡単に説明しよう。

①個別株が物色される業績相場

業績相場では**銘柄ごとの取捨選択が進みやすい**。業績の良い銘柄の株価はよく上がり、業績の悪い銘柄は大きく下がる。私のように個別銘柄を厳選して買う投資家にとっては、真価が最も発揮できる相場だ。ただし、相場全体としてはやや盛り上がりに欠け、**日経平均株価は横ばいで推移する**ケースが多い。

図1

4つの株価変動要因の一つが支配的な相場の名称と特徴

要因	主体	相場名称	相場の特徴
近未来の業績	企業	業績相場	銘柄ごとの取捨選択が進む
金利水準	中央銀行	金融相場	金融緩和局面で全体が底上げされる
リスク	投資家	波乱相場	激しく乱高下しながら下落する
純資産価値	企業	底練り	悪材料が出ても下がらなくなる

図2

アウトレンジ戦法とは

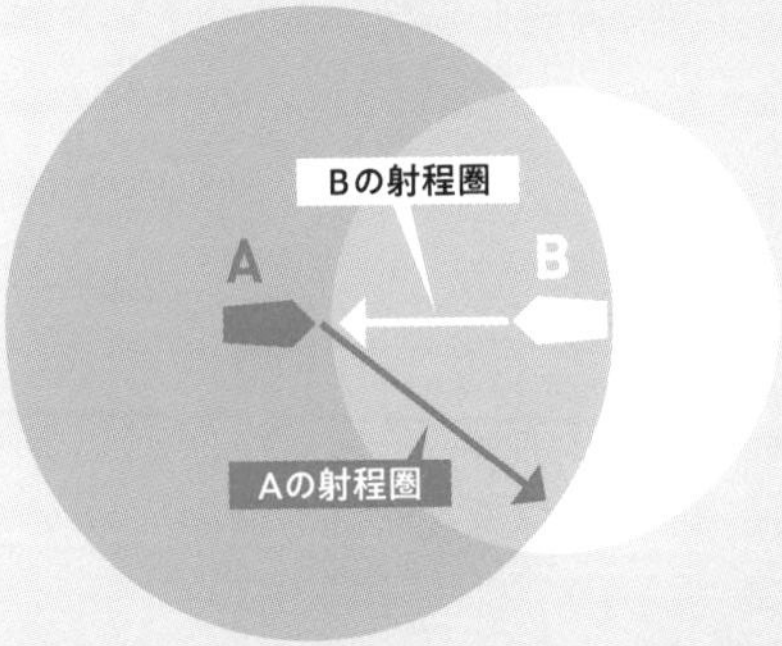

敵(B)を自分の射程圏内に置きながらも、自分(A)は敵の射程圏外にある時、攻撃は一方的となり、決して負けることはない。このような戦法をアウトレンジ戦法という。

②全体が底上げされる金融相場

次に金融相場の特徴だが、**幅広い業種の数多くの銘柄が一斉に値上がりして、全体が底上げされる**イメージだ。金融相場は、日銀やＦＲＢが金融緩和を推進し、金利の低下や量的緩和の影響が社会全体に広く浸透し始めると、テークオフする。金融政策の影響は全ての銘柄に幅広く影響するため、銘柄ごとの違いはあまり重視されない。あえて言えば、借金の多い企業ほど金利負担が小さくなるので、業績に対する好影響が期待されて、株価が上昇しやすい傾向がある。不動産株や鉄鋼株などが代表例だ。金融相場では景気拡大に対する期待も高まるので、**日経平均も大きく上昇する。**

③突然急落が起きる波乱相場

一方、波乱相場は**ある日突然、底が抜けたように株価が急落し始める**相場だ。それまでの株価を安定させていた前提が崩れて、大きなリスクが市場を支配した時、投資家の心理は極度に悪化し、株価は激しく乱高下を繰り返しながら下落していく。株価が一度大きく下がると、信用取引でレバレッジをかけていた投資家の資金繰りが苦しくなり、さらに大きな売りが出る。そのため、株価の下落に拍車がかかる。リスクが顕在化せずにリスクのままで終われば、その後は急激に株価は反発する。だが、リスクが現実のものとなって企業の業績悪化が顕著になるようであれば、さらにもう一段の下げを覚悟する必要がある。

個人投資家が大失敗を犯すのは、決まってこの波乱相場だ。リスクが大きい相場であるにもかかわらず、それに気付かずにいつもと同じリスクを取り、押し目買いに動いてしまうことが多いからだ。運良くそれがうまくいけば大儲けできるかもしれない。しかし結果が裏目に出れば、あっという間に全てを失ってしまう。残念ながら、**波乱相場の始まりを事前に予想するのはほぼ不可能**である。相場が過熱気味になってきた段階で、信用取引を解消したり、運用資産における現金の比率を高めたりすることによって、**早めにリスクを下げておく**対応が肝要になる。

④絶好の買い場となる底練り

ちなみに、業績悪化を伴う波乱相場では**日経平均はあきれるほど大きく下がってしまう**。先述のように、多くの銘柄は純資産価値から株価を算定した方が妥当になるだろう。**日経平均は次第に底練りと呼ばれる独特のチャートを描く**ようになり、さらなる悪材料が飛び出しても株価はあまり下がらなくなる。こうなると、私のような**バリュー（割安）株投資家にとっては絶好の買い場**が到来したことになる。

それから**3～5年後の運用成績は、この時期にどれだけ良い銘柄を仕込めるかにかかっている**と言っても過言ではない。相変わらず景気はひどい状態で暗いニュースが世の中を覆い尽くすが、自分だけは明るい気持ちで、勇気を振り絞って銘柄選びに励むべきだ。

そのためにも最も重要なのは、波乱相場で立ち直れないような大打撃を被らないことだ。十分な資金余力を残しておきさえすれば、人生で最大級のチャンスに大勝負に打って出ることができる。

長期投資を成功させる秘訣

ここで、近未来の業績の「**近未来**」という部分に改めて着目しておこう。市場の参加者は数カ月から長くても3年程度先の「近未来」の業績を予想しながら、企業価値を判断している。仮に**あなただけがその先の3~5年程度先を予想することができたら、その差をキャピタルゲインの形で手にすることができる**だろう。

太平洋戦争以前に旧日本海軍が強く意識していた戦術に「アウトレンジ戦法」がある。敵を自らの射程圏内に置きながらも、自分は敵の射程圏外に位置することによって、一方的に攻撃することができるという戦法だ（123ページの図を参照）。考え方はこれと全く同じである。この作戦を成功させるためには、自分の射程距離を市場の他の参加者よりも長くする必要がある。「そんなことは不可能だ」とほとんどの人は考えるだろう。だからこの戦法が成功するわけで、私自身はずっとこの発想で長期投資を実践してきた。3～5年先の業績を予想して現在の株価が十分に割安だと判断できた場合に限り、その株を大きく買い向かうのだ。狙いが成就するにはやはり3～5年の年月がかかるので、当然、投資期間は長くなる。

「どうすればそんなことができるのか？」と思われる方も多いだろう。**実践するのは昔ながらのとてもオーソドックスな手法**である。企業の決算書を読み込み、中期経営計画や決算説明会のプレゼンテーションを確認し、その企業の製品やサービスを実際に購入して利用してみる。株主総会や企業説明会で経営者に会う。インターネットや雑誌で業界情報や専門情報を調べる。

最も重要なのは、誰よりも投資対象の企業を深く知ろうとする努力だ。多くの投資家は企業ではなく、明日の為替の見通しや大口投資家の動き、はやりの新技術でド派手に上昇している人気銘柄の株価に目を奪われやすい。そうした中で、**自分だけは得意分野を中心に隠れた実力企業を淡々と探し続ける**。市場からはまるで注目されていないが、自分にとって最高のお宝銘柄に巡り合った時にアウトレンジ戦法の諸条件は整ったといえる。後はその株を買ってじっとしているだけでいい。**いつか時代があなたに追い付き、その企業の実力が高く評価された時にあなたの財産は数倍**になっている。

できれば底練りのタイミングで最高の銘柄を仕込みたいところだが、暴落がいつ起きるかは誰にも分からない。本物のお宝銘柄を見つけたのであれば、**暴落を心配するよりも二の足を踏んでいる間に株価が一気に上昇してしまうことの方を心配すべき**だ。仮に暴落に巻き込まれて株価が半値になっても、それが本物のお宝株であれば、そこからの10倍高も夢ではないのだから。

POINT3

成功の秘訣は誰よりも深く知る努力

つなげよう

「株価の水準は単純に測れない PERの使い方に精通しよう」

株価の水準を測る一つの物差しとして広く使われている指標にPER（株価収益率）がある。株価をEPS（1株当たり純利益）で除して求める。仮にある銘柄の株価が1000円でEPSが100円ならば、PERは1000（円）÷100（円）＝10（倍）となる。**一般的には「PERが高いと株価は割高で、低いと割安」と説明される。だが、実際はそう単純ではない。**このPERの見方について詳しく説明しよう。

まずは基本から。PERには実績PERと予想PERの2種類がある。実績PERは、直近の決算期のEPSで現在の株価を除して算出する。これに対して予想ＰＥＲは、今期以降の決算のＥＰＳの予想値（以下、予想ＥＰＳ）で現在の株価を除して求める。**株価は常に近未来の業績を織り込みながら変動する**傾向がある。だから、**近未来の業績である予想ＥＰＳで算出する予想ＰＥＲの方を投資家は重視する**。

予想ＥＰＳはあなたでも試算できるし、証券会社のアナリストも独自に試算している。だが**一般的に広く使われているのは、上場企業自身が公表している今期決算の予想ＥＰＳで求めた会社予想ＰＥＲ**である。ネットの情報や雑誌などで特にただし書きがなく予想ＰＥＲと表示されていれば、通常それは会社予想ＰＥＲを指す。以下では、会社予想ＰＥＲを予想ＰＥＲと表示する。

奥が深い予想ＰＥＲの評価

ＰＥＲは株価の水準を測る指標として広く使われているが、単純に予想ＰＥＲの高低だけを根拠に投資しても株で儲けられはしない。なぜなら、**予想ＰＥ**

Rの数値（倍率）は同じでも、銘柄によって株価が割安だったり、割高だったりするからだ。さらに、予想PERで株価の水準を判定できないケースもある。どうしてこうしたことが起きるのか。**その仕組みを理解することが、株式投資上達の鍵**になる。

予想PERの数値は同じでも、銘柄によって株価の適正水準に違いが生じる要因は幾つかある。**1つ目の要因はリスク**だ。予想PERは、あくまで予想の数字である。予想には、常に外れるというリスクが存在する。そのリスクの大きさは、経営スタイルや業種、ビジネスモデルなどの影響によって企業ごとに異なり、それが予想PERの差となって現われる。その結果として、**「リスクが高い」と判断されている企業の予想PERは低くなり、「リスクが低い」と判断されている企業の予想PERは高くなる**。

「リスクが高い」と判断される企業は、為替や市況の変動、政策の変更などの影響を受けやすい会社や、過去に何度も不祥事を起こして社会的な信頼を失っている会社などだ。例えば為替の影響を受けやすい業種としては、海運や石油、自動車などが挙げられる。一方、「リスクが低い」とされる企業の代表は、為替や市況の変動に影響されにくい内需主体の会社である。景気の動向にかかわらず商品の需要が安定している食品会社や日用品メーカー、製薬会社などが当てはまる。景気変動の影響が少ないことから、これらの業種の株は、「ディフェンシブ銘柄」と呼ばれる。このように外部環境の影響度や企業独自のリスク特性によって予想ＰＥＲの適正水準が異なるので、**適正な株価水準を推定するには、同業他社との比較やビジネスモデルの分析を行う**必要がある。

　次に知っておくべき**2つ目の要因は成長率**だ。**高い利益成長が期待される企業の予想ＰＥＲは高く**なり、**衰退が予想される企業の予想ＰＥＲは低く**なる。ここで要注意なのは、**高成長企業の予想ＰＥＲの見方**だ。上場企業が公表する業績予想は今期の決算分だけだが、成長株の場合は2～3年程度先の成長が現在の株価に織り込まれていることが多い。実績ＰＥＲや今期決算の予想ＥＰＳで算出した予想ＰＥＲで見れば割高に思われる株価も、**2～3年後の予想ＥＰ**

Sで求めた予想PERで見れば割高とはいえない場合も多いのだ。左ページに掲げた表は、現在の株価が1000円の成長株の利益成長が今後3年間一定で推移するという前提で、年間の利益成長率が10%から100%までのケースごとの今後3年間のEPSの推移と、3年後の予想EPSで現在株価を除して算出した予想PERを並べたものだ。「成長率」の一番下にある100%のケースでは、実績PERが100倍で超割高に見えても、今後3年間に100%の利益成長を継続できれば、3年後の予想EPSで現在の株価を除して求めた予想PERは12・5倍と決して割高ではなくなる。

このように、**2〜3年後の予想PERで現在の株価の水準を判定する便利な指標に「PEGレシオ」がある**。実績PERを今後3年程度の成長率で除して求める。例えば、実績PERが20倍でEPSの成長率が年率20%のケースにおいては、PER20(倍)÷EPS成長率20(%)=1となる。こうして算出した**PEGレシオが1前後なら現在の株価は妥当、0・5を下回れば割安、2を上回れば割高**と判定する。

図1

実績PERでは割高に見えても成長率と実績PERが同程度なら株価は適正といえる

現在の株価（円）	成長率（%）	実績PER（倍）	EPS				3年後のEPSで現在株価を除して求めた予想PER（倍）
			直近（円）	1年後（円）	2年後（円）	3年後（円）	
1000	10	10	100	110	121	133	7.5
1000	20	20	50	60	72	86	11.6
1000	30	30	33	43	56	73	13.7
1000	40	40	25	35	49	69	14.6
1000	50	50	20	30	45	68	14.8
1000	60	60	17	27	43	68	14.6
1000	70	70	14	24	41	70	14.2
1000	80	80	13	23	41	73	13.7
1000	90	90	11	21	40	76	13.1
1000	100	100	10	20	40	80	12.5

３つ目の要因は企業の収益性だ。１１８～１１９ページで**企業の収益が極端に悪化した場合、株式市場は株価の根拠を企業の保有する純資産の価値に求める**という原理を紹介した。この場合に使う株価指標は、**現在の株価を純資産で除して求めるＰＢＲ（株価純資産倍率）**になる。収益の極端な悪化に伴って予想ＥＰＳが著しく減少して、仮に予想ＰＥＲが50倍に跳ね上がっても、ＰＢＲが０・５倍と非常に低ければ、現在の株価は割安と判断できるだろう。

株価の水準を予想ＰＥＲとＰＢＲのどちらで判定すべきかを決める**企業の収益性の指標としては、予想ＥＰＳを自己資本で除して算出する予想ＲＯＥ（自己資本利益率）を使う**といい。１３９ページの上のグラフはニッセイ基礎研究所が調査した２００５年１月～17年７月までの各月の日経平均株価のＰＢＲと予想ＲＯＥの関係を表したものだ。予想ＲＯＥが８％以下ではＰＢＲは１倍前後で推移し、予想ＲＯＥが８％を超えると上昇することが見て取れる。このことから、**収益性が極端に低くＰＢＲで株価の水準を判定した方がいい目安の一つは予想ＲＯＥ８％以下**といえる。なお、ＰＢＲとＲＯＥには、ＰＢＲ＝ＲＯ

E×PERという関係式が成り立つ。ROEが8％以下でPBRが一定ということは、**ROEが低ければ低いほどPERは必然的に高くなる**ことを意味する。このことも覚えておこう。

予想の傾向や一時要因も注意

4つ目の要因は、上場企業が公表する業績予想には少々バイアスがかかっている点だ。例えば、**経営の厳しい企業の中には少しでも株価を高めに維持するため、とても高い予想を公表して、投資家の期待を高めようとする**ケースがある。実際に達成される可能性は低く、その予想を根拠に投資してもまず儲からない。逆に**保守的な企業の中には、業績予想を低めに出す**ケースもある。こうした企業は年度の後半に業績の上方修正を連発し、株価が上昇することが多い。余裕があれば**過去の業績予想と実績を比較して、保守的な業績予想と挑戦的な業績予想のどちらを出す傾向が強いのかを確かめる**習慣を持つといい。

最後の**5つ目の要因として、当期限りの一時的な収益変化に注意**しよう。例えば、含み益のある遊休資産の売却計画があり、今期だけ大幅な純利益の増加が見込まれるようなケースだ。この場合は**一時的に予想PERが低くなる。**

逆に過去の負の遺産を償却するなどして、**今期限りの特別損失が出る場合には一時的に予想PERが高くなる。**この場合は、長期的に見れば企業価値に与える影響は小さい。株式市場がこのような一時的な要因を近視眼的に業績悪化と捉えて株価が下落したら、投資のチャンスとみていいだろう。予想PERを見る際の5つのポイントを左ページ下の表にまとめたので、参考にしてほしい。**予想PERの高低だけではなくその要因にまで踏み込んで分析する。それでも株価が割安と判断できる場合にのみ投資を実行する**ようにしたい。

POINT4

PERは複数の要因も考慮して見る

図2

ROEが8%を超えると株価は上がりやすい

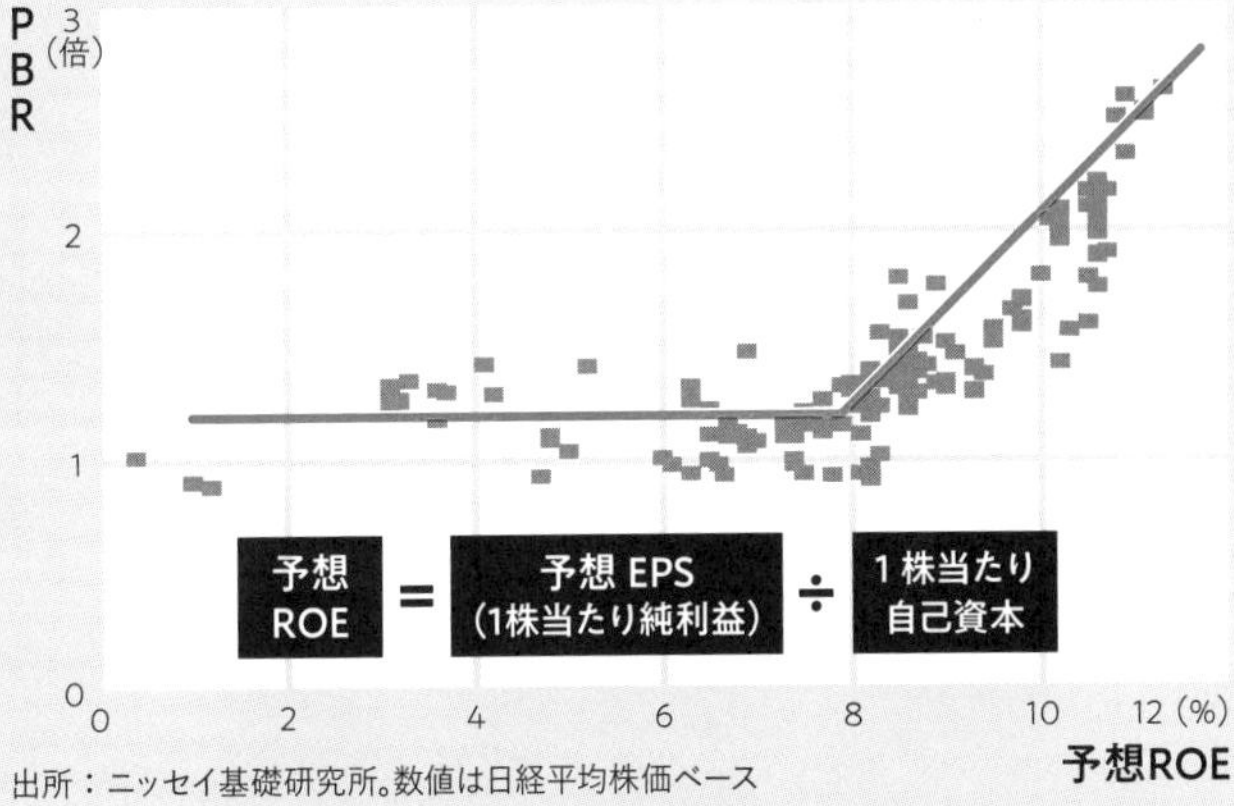

出所：ニッセイ基礎研究所。数値は日経平均株価ベース

図3

予想PERを見る際の5つのポイント

01	企業独自のリスク要因	●リスク大＝低PER ●リスク小＝高PER
02	2～3年分の利益成長	●成長大＝高PER ●成長小＝低PER
03	純資産価値との比較	収益性小の場合、 高PERとなることがある
04	経営者バイアスの検討	●挑戦的予想＝低PER ●保守的予想＝高PER
05	一時的な損益を差し引く	●一時的な利益＝低PER ●一時的な損失＝高PER

COLUMN 03

成長株投資に必要な力とは？

「企業の成長に賭ける」――。このシンプルな発想で投資すると、恐らくあなたは幾つかの壁に突き当たることになる。ただし、それは才能や努力の限界といったスポーツや受験などで誰もが突き当たる壁とはやや異なる。うまくいかない個人投資家の大半は、「モノゴトを正しく見ることができない」という壁に突き当たってしまうのだ。困ったことに、本人はそれに気付かないか、気付いていてもそれを修正しようとは思わないため、なかなかこの壁を突破することができない。この点について説明しよう。

思い込みがないかを疑う

まずは自分の持つ投資に対する思い込みを疑ってほしい。多くの人は、これまでの人生から「株とはこういうものだ」と何らかの信念を持っている。しかし、それが大抵の場合、大きくズレている。例えば、誤った信念には「景気が良いと株価は上がり、景気が悪いと株価は下がる」「成長株は期待の成長産業から生まれる」「小まめな損切りをしないと株では勝てない」などがある。

これらはおおむね正しいように感じられるが、少なくとも成長株投資においては、誤っていることの方が多い。「ディフェンシブ・グロース株」と呼ばれる成長株は景気が悪いときにもよく値上がりする。「ユニクロ」を展開するファーストリテイリング（東1・9983）やニトリホールディングス（東1・9843）、鳥貴族（東1・3193）のように、アパレルや家具、焼き鳥屋（居酒屋）などの極めて成熟した産業からも驚くような成長株が出てくる。また小さな株価変動で損切りしたり、買い直したりを繰り返していては、数年で価格が数倍や数十倍にも上昇する大化け株をみすみす手放す羽目になる。本書で紹介しているフレームワークの「つ・な・げ・よ・う分析」は、思い込みを解消して、物事を正しく見る力を養うツールだともいえる。

株価は日々の積み重ねではない

より本質的なところで初心者が間違っているのは、短期の株価変動の捉え方だ。例えば、長期的な株価は日々の株価の積み重ねで形成されているから、短期的な判断力が長期投資でも生かされるという発想である。私もかつてはこの考え方に支配されていた。

プロ野球のペナントレースを思い出してほしい。約半年間のシーズンの中で一つひとつの試合の勝ち負けが積み上がり、結果として最も多く勝ったチームが優勝する。当然のことながら、夏が終わって残り10試合の状況で、勝率が4割そこそこのチームでは、もはやリーグ優勝は不可能だ。

株の場合はどうだろうか。景気の動向が懸念されたり、イメージの悪いニュースが飛び出したりして、春先から20％も下がった株があったとしよう。ところが、4～9月期の中間決算が発表されると、驚くほど業績が良く、前年同期に比べて20％以上もの増益だった。分析してみると、この会社のビジネスモデルは景気との連動性が低く、また「悪いニュース」と思われていた問題についてもうまく乗り切っていたことが判明した。するとどうだろう。株式市場は手のひらを返したように、評価を一変させ、翌日から株価は急上昇する。こうした場合、数日のうちに株価が40％以上も上昇することもある。

このケースでは、半年間の大半は投資家の懸念や思い違い、あるいはそれを狙った投資家の投機的な動きによって、株価は下がり続けた。そして、決算発表後の数日間だけ、企業のファンダメンタルズ（基礎的条件）が反映され、長期的に意味のある値動きをしたことになる。

近年、心理学の知見やＡＩ（人工知能）が投資に応用されるようになった結果、このような現象が頻発している。短期的な株価は投資家の心理ばかりを反映し、実際の企業業績とは無関係に動きやすくなっている。ペナントレース的な積み上げ思想は捨て去らなければならない。短期的な株価は必ずしもファンダメンタルズと連動しないという前提で投資をするのだ。73〜83ページで説明したバリューエンジニアリングの応用で考えると、業績の反対側に心理が動く現象があるために、「業績⬆株価⬇」の状況が発生してしまうのだ。

3つの力を養おう

成長株投資で儲けたいなら、**日々の株価変動には努めて鈍感になろう**。いちいち株価の変動に感情が揺さぶられるようでは、まず大きく儲けることはできない。強い信念を持って、日中は株価を見ない。ネットの掲示板やSNS（交流サイト）でも保有株の情報を見ない。見たとしても、参考程度にとどめていちいち信じない。鈍感というと、何かダメな人という印象を持たれるかもしれない。しかし、アレルギーや過敏症など敏感であることは、それ以上に問題が多い。短期的な株価に対して多くの人は敏感になりすぎているといえる。

もっとも、鈍感力だけでは成長株を長期保有することは難しい。ファンダメンタルズは良好なのに、株価が1年も2年も一向に上昇しない状態では、つい根負けして売りたくなってしまう。しかし、なかなか値上がりしないという理由だけで株を売ってはいけない。先述のバリューエンジニアリングの応用で考えれば、「業績⬆株価⬇」や「業績⬆株価➡」の状態が続けば続くほど、バリュー（価値）はどんどん拡大してチャンスは広がっている。こんなときこそ耐えてほしい。**鈍感力に加えて忍耐力が必要**になってくる場面だ。ファンダメンタルズは良くなる一方にもかかわらず、株価は長期間にわたって限られた範囲の中で小さな上下動を繰り返す。その理由は、心理的・投機的な要因以外にも幾つか考えられる。

❶何らかのリスク要因が払しょくされない
❷上昇相場に突入するためのきっかけがつかめない
❸相場全体が低迷しており、そのあおりを受けている
❹別なテーマに人気が集中し、投資家の注意が離れてしまった
❺相場操縦的に株価が抑え込まれている

本来、❺の相場操縦は違法行為である。そんなものはないと信じたいが、現実には、それに近い現象に遭遇することがある。なぜ相場操縦的な行為をしてまで株価を硬直化させるのか。実は株で儲けるには、投資先の株価が大きく上昇するだけでは足りない。「儲け＝株価上昇率×株数」なのである。資金力のある投資家は、良い株を見つけると少しでも安く株を買い集めたいと考えるものだ。長期にわたって株価を低迷させれば、それを実現できる。

いずれが原因にせよ、あなたが注視すべき対象は、株価ではなくファンダメンタルズだ。つまり、投資先の企業自体を見る必要がある。硬直的な株価の理由を探るより、**じっくりと企業を評価する観察力**を鍛えた方が有益だろう。ファンダメンタルズさえ良好なら、いずれ株価は上昇する。常に業績のウラ（確証）を取りながら、保有株の経営状況を見続ける姿勢が大切になってくる。

鈍感力、忍耐力、そして観察力。この3つの力を併せ持つことが、成長株の長期投資においてはどうしても必要だ。**鈍・忍・観**と覚えるとよいだろう。

成長株の長期投資で求められる3つの力

鈍

鈍感力で日々の株価変動から距離を置く

忍

忍耐力で長期にわたる株価の低迷を乗り切る

観

観察力でファンダメンタルズを確認し続ける

つなげよう

PART

4

弱みを知る

つなげよう

感情が理性に追い付かない 誰もが持つ弱みを克服しよう

本章では、「つ・な・げ・よ・う分析」の4番目にある「**（よ）弱みを知れ**」を解説する。

「ネットで話題になっている株の人気に便乗しようとして、見事に天井で買ってしまった」「当初のもくろみが大きく外れたにもかかわらず、いつまでもその銘柄に固執して損を膨らませてしまった」「後に価格が10倍になった成長株を買値から30％も上がったら喜んで売ってしまった」――。

これらは全て、私が経験した数多くの失敗のごく一部である。読者の皆さんの多くも同様の経験をされているだろう。こうした失敗は二度と思い出したく

「つ・な・げ・よ・う分析」の5つのスキル

つ

強みを知れ

➡自分ならではの強みを理解する

な

流れを知れ

➡複雑な株価の流れを理解する

げ

原理を知れ

➡株価が決定する原理原則を理解する

よ

弱みを知れ

➡個人投資家や人間ならではの弱みを理解する

う

ウラを取れ

➡決算書や会社資料で必ずウラを取る

ないかもしれないが、一度冷静にそれらを**自分自身の弱み**として見つめ直して
その**克服方法**を考えていくことも必要だ。

10年前の悔恨が転機に

今から10年前の2007年のことである。私はそれ以前の4年間に株式投資で財産を3倍に増やすことができたのだが、「やり方次第ではもっと増やせたのではないか」という思いを強くしていた。なぜだろうか。

それまでの私の投資スタイルはというと、デイトレードから長くても1カ月程度のスイングトレードと、今と比べるとかなり短期的なものだった。当時は短期トレードが大流行。株の雑誌やネットでも短期トレードの手法が幅広く紹介され、それ以外の投資法は時代遅れとでも言わんばかりの状況だった。

ところがある時、自分が売買した銘柄のその後をチェックしてみた。すると驚いたことに、実際はその4年間に短期で売らずにただじっと持っていさえすれば、最初の買値から5倍や10倍に上がったものが大半を占めていた。何もし

図1

多くが5～10倍高に?!

2007年以前に売買した銘柄の例

アーバンコーポレイション（2008年9月に経営破綻）

−13週移動平均線　−26週移動平均線

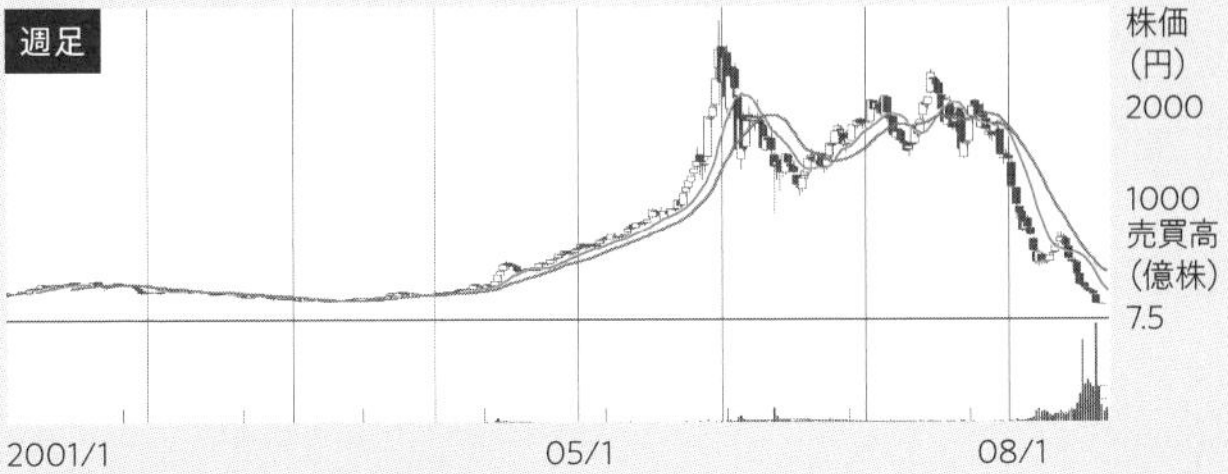

住友金属工業（現新日鉄住金）

−13週移動平均線　−26週移動平均線

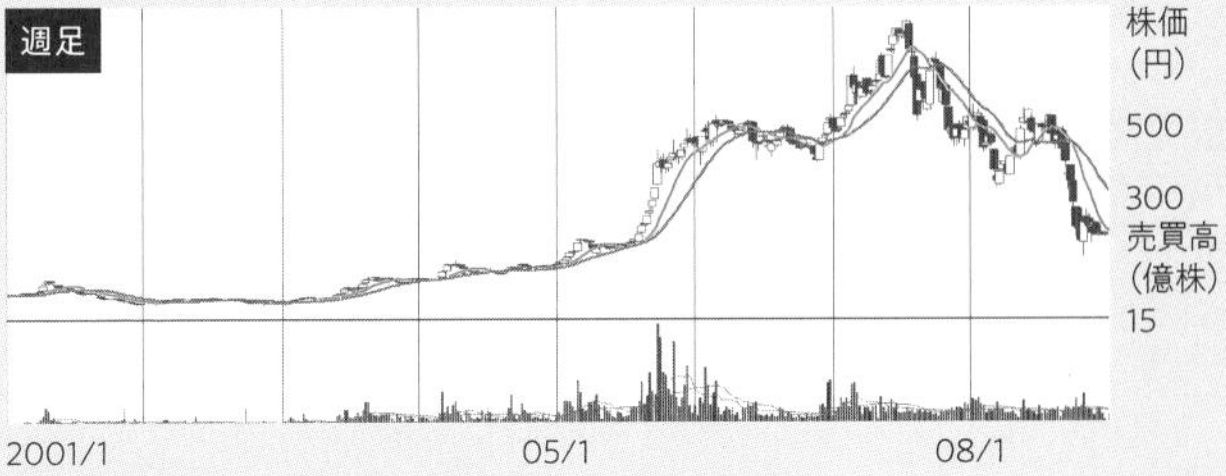

商船三井

−13週移動平均線　−26週移動平均線

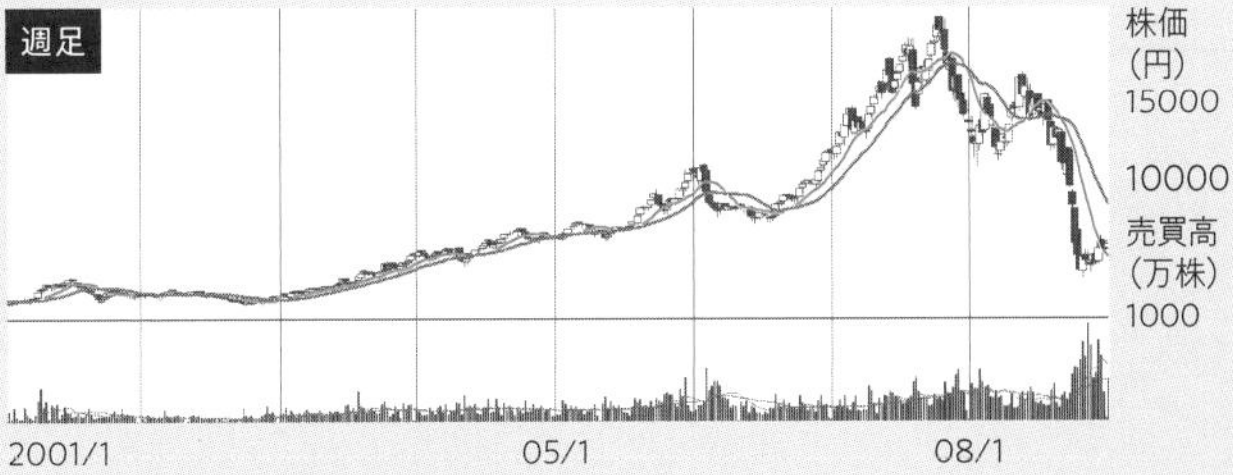

なければ5倍高や10倍高になった株を何らかの理由を付けて細切れに売買した結果、財産を3倍にしか増やせなかったわけだ。「これまでの努力は何だったんだ！」。私は自分の投資法に対して大いに疑問を感じざるを得なかった。

「自分は企業を分析して投資するスタイルなので、短期トレードよりも長期投資の方が向いているのではないか」「会社勤めをしながらの短期トレードは根本的に不利ではないか」「何度も絶望と有頂天を味わいながらギリギリの勝負を続けてきたが、長期的に見ると、それらは取るに足らない小さな変化だったのではないか」……。

この時、以前図書館で借りて目を通し印象に残っていたある本のことを思い出した。米資産運用会社のフィデリティで活躍した伝説のファンドマネジャー、ピーター・リンチの著書『**ピーター・リンチの株で勝つ**』（ダイヤモンド社）だ。早速、アマゾン・ドット・コムで購入し、改めてこの本を読み進んでいくと、自分の投資法を振り返って抱いた疑問が確信に変わり、読み終えた時に「次はリンチの投資スタイルで行こう」と決心した。

「投資の記録をブログで公開しながら文字に残していけば、自分自身の頭の整理にもなるだろう」。こうした考えもあって、ブログ「エナフンさんの梨の木」を08年5月にスタートした。その取り組みが評価されたのだろう。『日経マネー』に株式投資法を解説するコラムを連載し、こうして著書を出すまでになったのだから、人生どこでどんな転機が訪れるか分からないものである。

弱みを強みに転換する

話を「弱みを知る」ことに戻すと、**ビジネスパーソンとして仕事を持っていることは、短期トレードの世界では圧倒的な弱み**である。私が短期トレードをしていた当時はスマートフォンがまだ普及しておらず、仕事の合間にガラケーの画面を見ながら売買した。株雑誌に登場する腕利きのデイトレーダーたちは朝から晩まで複数のモニター画面をウオッチし、変化を見つけたら瞬時に売買するスタイルだった。

私と専業デイトレーダーやプロの証券トレーダーとの情報格差は圧倒的である。仮にその情報格差を埋めることができたとしても、仕事中に堂々と株の売買はできないので、投資タイミングが全てを決する短期トレードでは、太刀打ちできない。次第に、仕事の取引先と商談をしていても株価の方が気になるようになり、投資も本業も中途半端になっていた。

一方、**成長株投資**ならどうか。ビジネスパーソンの多くはいやでも財務分析や会計処理の勉強を求められ、広く業界の情報や商品の知識を手に入れている。経営理論や投資モデルの勉強をしておくと本業にも役立つ。長期の企業成長に賭けるなら、日々の株価変動はほとんど雑音にすぎない。短期トレードでは圧倒的な不利をもたらした**「仕事中に株価を見られない」という弱みを、「仕事中は株価を見なくて済む」という強みに変える**ことができる。この投資スタイルなら、投資と本業の両立も可能だ。むしろ相乗効果さえ得られる。

「私は事業家であるがゆえに、より良い投資を行うことができる。そして、私は投資家であるがゆえに、より良い事業を行うことができる」

米国の偉大な投資家、ウォーレン・バフェットはこう言っているが、「事業家」の部分を「ビジネスパーソン」に置き換えれば、「バフェットとまでは行かないまでも、今よりうまく財産を増やすことができるかもしれない」と考えた。そして、投資戦略の骨格として次の3点を胸に刻むことにした。

❶企業をしっかりと分析して投資するのであれば、全体相場の動向と連動しやすい短期の流れを拾いに行く短期トレードではなく、長期成長の流れを取りに行く中長期投資スタイルを取るべし

❷仕事中に株価変動を確認できないビジネスパーソンは、短期トレードというジャンルでは圧倒的に不利である

❸逆に日中の株価変動から離れることで、長期の業績変化に意識を集中させることができる

ブログ執筆の意外な効用

こうして投資戦略の骨格は出来上がったものの、実践に移すのは簡単なことではなかった。**頭では理解できていても、感情が付いてこない**のである。会社の仕事で懸命に頑張っても月給は数十万円単位だ。一方、株式投資で運用する金額が大きくなると、その程度の金額は1日（場合によっては数分）で増減してしまう。長期投資をする覚悟で成長株を買っても3日ほどで30万円も含み益が生じると、「今、売らなくては！」と心がぐらついてしまう。つまり、**「損をしたくない」という人間ならではの弱み**が邪魔をするのである。

この弱みを乗り越えるのに、実はブログの執筆が大いに役立った。読者の方々に「自分は成長株投資家である。短期的な株価変動には興味がない」と宣言しながら毎日記事を書いていたため、私の心の声が「売れ」と叫んでも、「今売ってしまってはブログの読者の方々に対して示しがつかない」という理性が働いて、何とか踏みとどまることができたのである。

そのうち、ブログの読者の方々向けにメッセージを書いているのか、自分自身がブレないために記事を書いているのか分からなくなる始末だったが、とにかく、リンチやバフェット、ジョン・テンプルトンといった偉大な投資家のカッコいい言葉を引用しながら自分の考えを言語化しておくことで、**「すぐに利確したくなる」という感情的な弱みをいつの間にか克服できた**のである。

ブログ炎上を招きかねない弱み

最後に、もしこの記事を読んで「私もブログかSNS（交流サイト）で株式投資の記事を書こう」と思い立った人のために、もう一つ弱みをさらしておこう。それは**「人に自慢したくなる」**という弱みである。

株で儲けると、普通は手にすることのできない大きな利益を得ることになる。当然、羨望や嫉妬の対象になりやすい。私と同時期にブログを始めた方々の中にも、いわゆる炎上に遭って閉鎖に追い込まれた方がたくさんいる。ささいな一言が反感を招いてかみつかれ、対処の仕方が分からずに戸惑っているうちに結局、自分を保つことが難しくなるのだろう。

私は炎上を恐れて、とにかく自慢話だけはしないように心掛けてきた。それでも読者の受け止め方によっては怒りの対象となることもあり、何度かおわびや訂正を入れたことがある。人間は間違いを犯す生き物であるという前提に立って、素直に謝ることに徹してきた。気が付けば、ブログ上の自分はリアルの自分よりはるかに素晴らしい人格を持つようになっていた。本物の自分もブログの中の自分のようになりたいものである。

POINT1

弱みを克服できる投資戦略を考える

PART1
つ 強みを知る

PART2
な 流れを知る

PART3
げ 原理を知る

PART4
よ 弱みを知る

PART5
う ウラを取る

つなげよう

個人投資家の2種類の弱み なくせるものは楽しく克服を

個人投資家の弱みには大きく2種類ある。一つは**自分の努力で克服可能な弱み**。もう一つは**克服しようのない弱み**だ。例えば、「会計の知識がない」という弱みは前者に、「会社勤めをしているので、日中に株価変動をチェックすることができない」という弱みは後者に当たる。

楽しく続ける工夫が大切

株式投資に関するブログを書いていると、「株式投資を始めたいが、会計の勉強はどうすればよいか？」「株を始める前に簿記2級くらいは取った方がよいのか？」といった会計の学習法に関する質問を頂くことがある。多くの方は「会計の知識が不足している」という自身の弱みに気付いてはいるものの、その克服方法について悩まれているらしい。会計の学習法に関する質問に私は決まって次のように答えることにしている。

「まずは少額でよいので実際に株を買ってみて、その会社を生の教材として財務分析や会計処理の勉強をするのがいいだろう」

財務・会計の知識や用語は決して難解なものではないのだが、初めて勉強する人には頭に入りにくいものである。そこで、**実際に株を買ってそれを生の教材として扱う**といい。まずカネがかかっているので、勉強の真剣さが増す。銘柄は自分の趣味や本業に関係する中で面白そうなものを複数買うといい。もともと関心があって事業の内容や調子などが分かるので、案外儲かる。

投資する金額を少額に抑えておけば、大損して致命傷を負うこともない。趣味や本業の知識の補完にもつながり、楽しく勉強を進めることができるだろう。

克服可能な弱みは、できる限り克服しておきたいが、修業のようになっては続かない。**楽しく続けられる工夫が大切**である。

会計の知識不足と同様に初心者にありがちな弱みが「**株を怖がり過ぎる**」ことだ。１９９１年頃に始まったバブルの崩壊で、「株は怖いもの」という考えが多くの日本人に広がった。「（おじいちゃんが大損したので）株式投資だけはするな」と子供の頃から親に言われ続けてきた知人もいる。実は30年以上株式投資を続けてきた私も、「株は怖い」と常に思っている。だから、その教えはあながち間違いとは言えない。株式投資において**恐怖心はリスクを取り過ぎないためのブレーキの役割を果たす**ので、完全に取り払う必要もない。だが、ブレーキを踏みっぱなしでは前に進まない。要は**バランスの問題**だ。まずは**損しても「勉強代」と思える程度の少額で株を買ってみて株価の変動に慣れる**ことが、「怖がり過ぎ」という弱みを克服する第一歩になる。

株価の変動に慣れてくると、次に習得しなければならないのは**アクセルの踏み方**だ。自動車の運転でも、ブレーキから足を離すことを怖がっている段階で大きな事故を起こすことはない。しかし、アクセルの踏み方を覚えると大事故につながるリスクも高まる。株式投資も同じである。「自分は素人」という認識を持って少額で株の勉強をしているうちは取り返しのつかない大損はしない。ところが、しばらく投資を続けて思いの外にうまく回り出すと、「少額でやっていてもらちが明かない。財産を大きく増やすにはどこかで勝負に出なければならない」と考えて、突然大きくアクセルを踏み込んでしまう。

この段階こそが、**株式投資において最も危険な期間だ。「早く大金を手にしたい」という欲望が、「リスクを取り過ぎてしまう」という新たな心の弱みを生み出す**からである。もっとも、「これだ」と確信できる銘柄に資金を大きく突っ込むことで、人生が変わるほどの成功を手にした人がいるのも、また事実だ。メディアに取り上げられるカリスマ投資家たちもほぼ全員、その人を代表する勝負銘柄が幾つかあり、数少ないチャンスをモノにしてきている。つまりは、アクセルの踏み方においてもバランスの取り方が重要なのだ。

運用の前に種銭をつくる

まず、収入やその時点での保有資産、ライフプランなどから生活に必要な資金を算出し、資金に余裕があるなら、その中から自分が投資でお金持ちになるための予算枠を用意しよう。初めて株を買う時は「損しても勉強代」と思える範囲での予算枠だったが、この段階からはそうしたネガティブな発想を脱却して、**「自分がお金持ちになる」ためのポジティブな予算枠**を設ける。

資金的余裕がない場合は、残念ながら大きく勝負に出ることはできない。その前に取り組むべきは、**資産運用ではなく運用資金（種銭）づくり**である。副業を始めてもいいし、生活費を切り詰めて節約に邁進《まいしん》してもいい。とにかくお金を貯めないと何も始まらない。

かく言う私も、株式投資の種銭をつくろうと、結婚した直後から妻と一緒にドケチ生活を始めた。すると自分でも驚いたことに、3年ちょっとで2000万円を貯めることができた。女性誌に書かれてあった「年収300万円でも1

図1

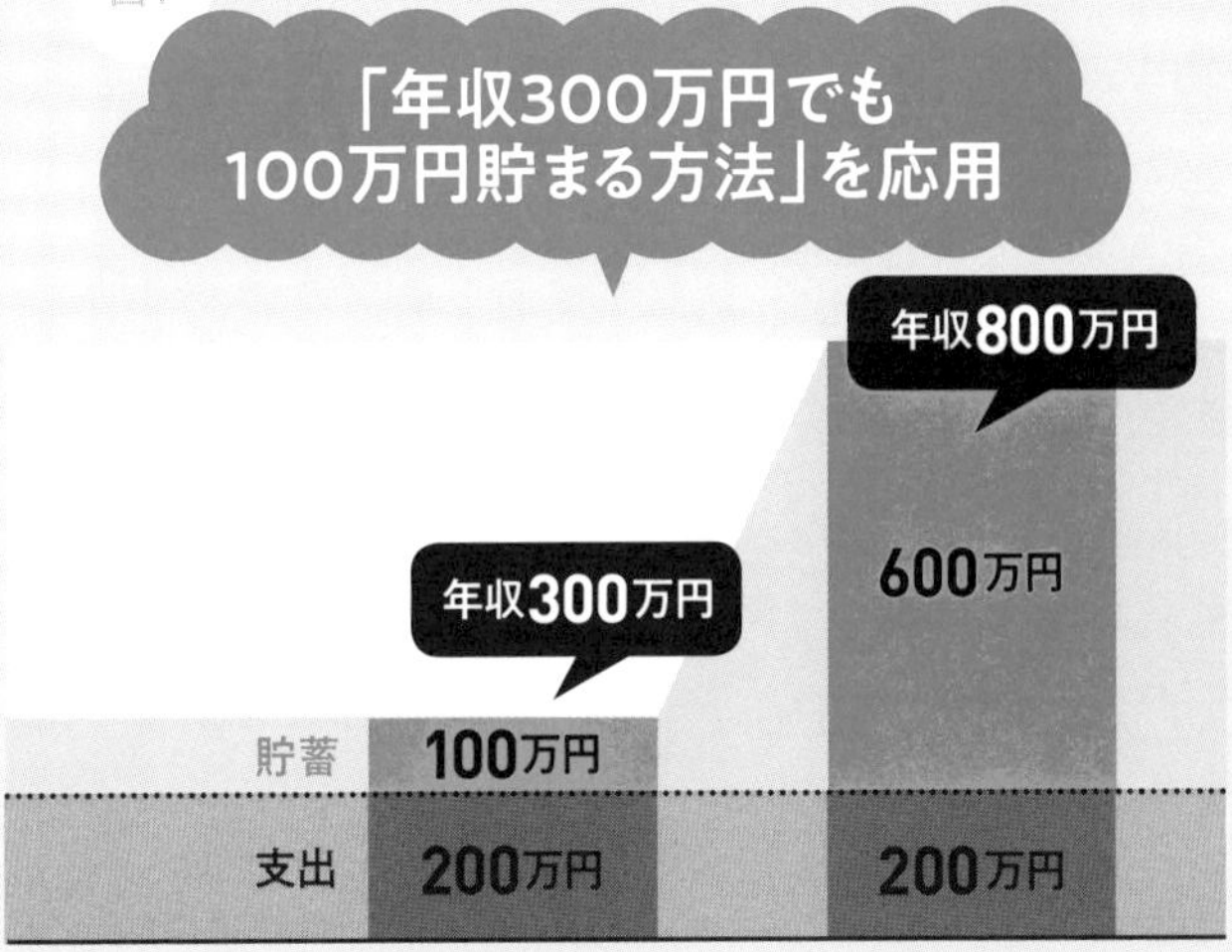

年収300万円でも100万円貯まる方法の肝は、年間200万円で生活する方法と言える。当たり前過ぎる理屈だが、これを年収800万円の人が実践すれば600万円貯まることになる。

図2

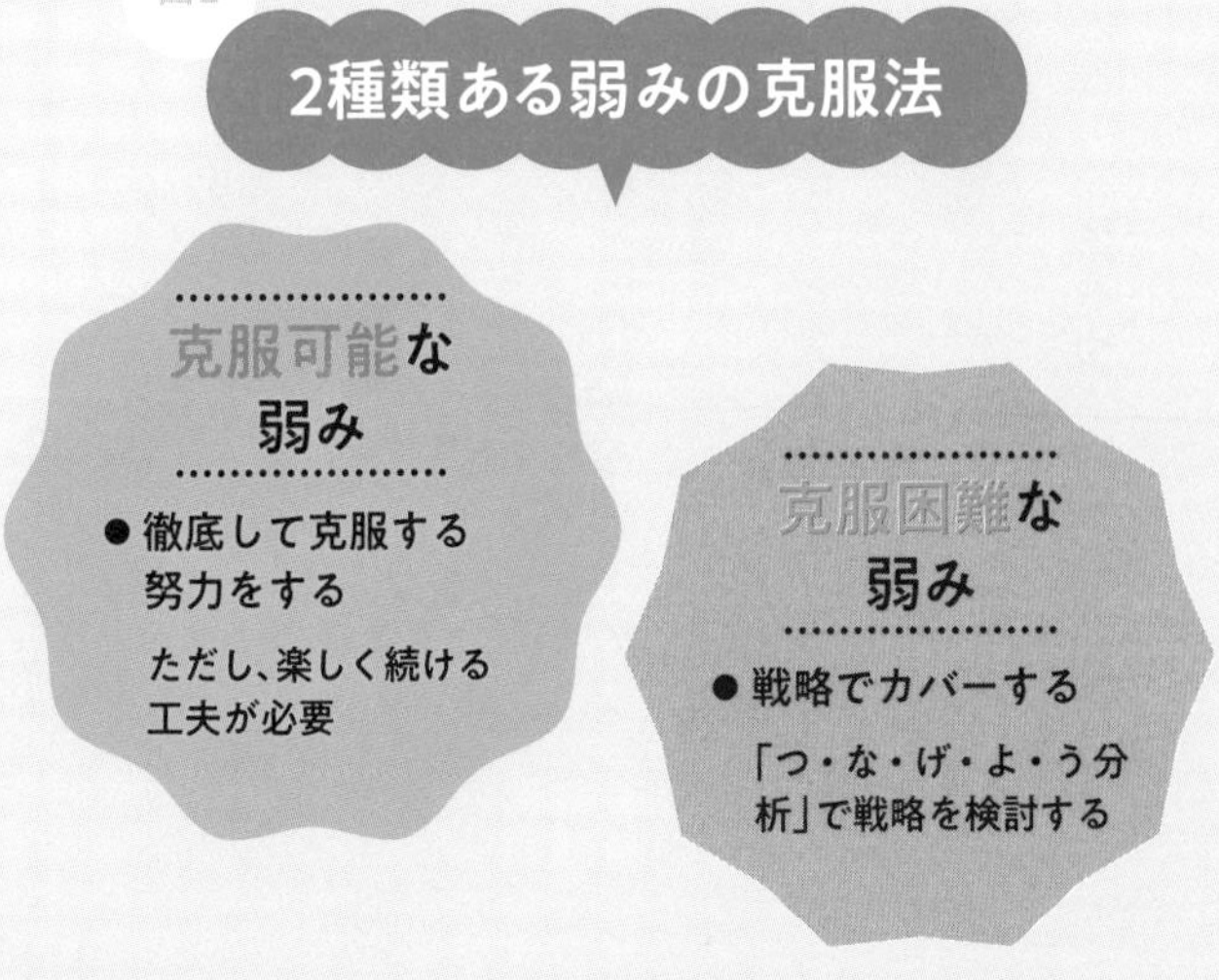

00万円貯まる方法」を、妻と2人分の年収の合計が800万円ほどだった自分たちが実践すると、計算通り毎年600万円を貯蓄できたのである。「年収300万円でも100万円貯まる方法を年収800万円の人がやれば600万円貯まる法則」だ（前ページの表参照）。食料品は閉店間際の50％引きで買うようにし、旅行では「青春18きっぷ」を使った。こうして貯めた2000万円の約3分の1の600万円を、「お金持ちになるための予算」として個別株投資に投入した。ドケチ生活で苦労しながら貯めたお金なので、最初はとても慎重だった。それがよかったのだろう。暴走せず、次第に株で儲けたお金で次の株を買えるようになり、**雪だるま式にカネがカネを生む好循環**に入った。

ちなみにこの話を読まれても、「浪費癖のある連れ合いの反対に遭うからドケチ生活は私には無理」という方もおられるかもしれない。確かに我々夫婦のケースは極端ではある。ここまでしなくても給与から天引きで3万円ずつ残せば、3年ほどで100万円は貯められる。まずは**貯蓄で種銭をつくるという意識を持つ**ことだ。

ネット情報の扱いに注意を

最後に、「**ろくに確認もしないで株を買って、かなりの大損をする**」という個人投資家にありがちな失敗を取り上げよう。たまたまツイッターなどのSNS（交流サイト）やインターネットの掲示板でいかにも有望そうな情報を目にし、大喜びで株を買った。ところが、直後に株価が急落して大きな損を被った。こんな苦い経験を持つ方は、読者の中にも多いのではないだろうか。

まず肝に銘じておくべきは、情報が拡散する初期の段階で株を買って、拡散の終盤で売り抜けようという投資戦略自体が、駆け出しの個人投資家にとって非常に危険であることだ。「どういう理由で貴重な投資情報が流れてきたのか?」。この点をしっかりと考えなければならない。

株で儲ける方法は、「**安く買って高く売る**」と至ってシンプルである。ただしそれを実現するためには、**安く売ってくれる人から買って、高く買ってくれ**

る人に売ることが必要になる。だが、わざわざ高値で買ってくれる投資家はどこにいるのか。SNSや掲示板に書き込まれた情報に何らかの意図があるとすれば、恐らくそうした投資家をつくり出すことにある。つまり、その情報を基に株を買えば、あなたが高値づかみの投資家になるというわけだ。少なくともそうした可能性があることを十分に理解した上で、ネットの情報と接するようにしたい。

もっとも、株式投資以外の趣味や本業に関係するところで思わぬ情報を目にした場合は話が別である。情報の提供者は、親切心だけで貴重な情報をもたらしてくれている可能性がある。ただし、この場合も**うのみにせず、徹底してウラを取る**癖を持とう。その具体的な方法については次章で紹介する。

これまで見てきた弱みや失敗は、個人投資家が必ず突き当たる壁だが、全て克服可能だ。弱みを弱みのまま残すことなく、次のステップに進みたい。一方で、先述のように克服が困難な弱みも存在する。例えば、機関投資家などのプロや複数のパソコン画面に張り付くカリスマトレーダーとの間にある情報量や投資に費やせる時間などの格差だ。本業を別に持つ個人投資家が情報戦や心理戦で彼らに勝つのは極めて難しい。こうした**克服し難い不利は、戦略でカバーする**ことを考えるべきだ。この連載で説明してきた「つ・な・げ・よ・う分析」もそのためにある。次ページから戦略で弱みをカバーする方法を詳述しよう。

POINT2

解消できる弱みは残さず克服しよう

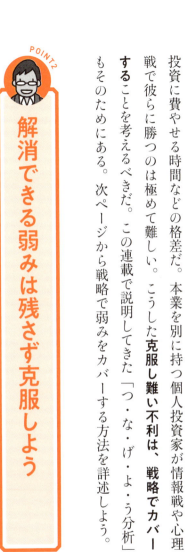

つなげよう

「困難な弱みには立ち向かわず回避できる工夫をしよう」

「**投資は合理的であらねばならない。理解できないなら金を出すな**」

これは、米国の偉大な投資家、ウォーレン・バフェットの名言の一つである。この言葉の肝は「理解」の2文字にある。投資家にとっての最大の弱みは「理解できない」ことであるからだ。繰り返し強調してきたが、株式投資では**事業内容を自分で理解できる会社の株を買う**ことが原則だ。事業内容が理解できないなら、無理に理解できるようになる必要はない。バフェットが説いたようにその企業の株を買わなければいい。そうすることによって、「理解できない」という**克服困難な弱みと正面から向き合わずに避けて通る**ことができる。

合理的な売買を妨げる心理

これは**シンプルで合理的な考え方**だが、実践するのはそう簡単ではない。人間には、よく分からないものを魅力的と思い、分かりやすいものをつまらないと感じる心理的な傾向があるからだ。理解できないものには投資しないというルールを堅持するには、最初は魅力的に映った企業について理解できない点を明確にして自覚することが求められる。「理解できないことがこんなにある」と気付けば、リスクの高さも確認できるはずだ。

理解できない点を明確にする具体的な方法として、私は常に175ページ上の5つの問いを検討することにしている。決算書や会社資料を読み込んでウラ(確証)を取り、それでも明確に答えることのできない問いが残る場合は「様子見」と判断して大きな投資はしない。このように克服困難な弱みを避けて通る工夫が必要なのは、銘柄の選定においてだけではない。第2章の「流れを知る」で、長期に株価を変動させる要因には❶企業の成長❷相場との連動❸評価水準の変化――の3つの大きな流れがあり、**どの流れに着目するかで取るべき投資スタイルが異なる**と指摘した。この3つの流れのどれかに着目して投資スタイルを選ぶプロセスでも、克服困難な弱みを回避する工夫が必要だ。

このことを説明する前に、3つの流れに応じて具体的にどのような投資スタイルがあるのかをおさらいしておこう。3つの流れのうち、企業の成長（業績の伸長）に伴う株価の上昇を狙うなら「**成長株投資（グロース投資）**」、企業の本質的な価値に対して株価が割安な場合にいずれ起きるはずの株価（評価水準）の是正に着目するなら「**割安株投資（バリュー投資）**」、景気循環を背景にした相場の推移との連動による値上がりを期待する場合は「**循環株投資（シクリカル投資）**」と呼ばれる投資スタイルをそれぞれ採用することになる。

さらに、相場との連動に対応した投資スタイルには、「強気」や「弱気」といった投資家の心理的な変化から生じる相場の「**勢い（モメンタム）**」を捉えて売買する「**モメンタム投資**」もある。また、別の流れを拾う投資法として「**裁**

5つの問い

- ☑ なぜ成長できているのか？
- ☑ 成長は今後どの程度続く見込みか？
- ☑ 成長が止まるとしたらどのような理由が考えられるか？
- ☑ 既に悪い兆候は出ていないか？
- ☑ 株価は適正な水準にあるといえるか？

図1

流れに応じた5つの投資スタイル

01

成長株投資（グロース投資）

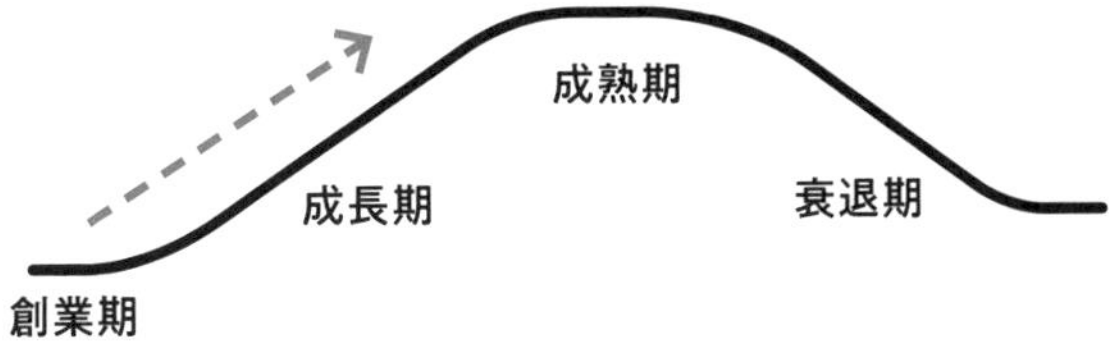

02

割安株投資（バリュー投資）

定取引（アービトラージ）」と呼ばれるものもある。これは、投資対象の価値が本来は同じであるにもかかわらず、現物の市場と先物の市場など市場ごとに価格が異なった場合に、価格の低い市場で買って高い市場で売ることでさやを稼ぐという投資法だ。

投資法を決めた3つの弱み

私の場合は成長株投資と割安株投資の2つを組み合わせ、**成長株を割安な価格で購入**して、**株価の是正と企業の成長に伴う値上がりの両方を狙う**投資スタイルを主体としている。過去には循環株投資やモメンタム投資を手掛けたこともあるが、今のスタイルに落ち着いたのは、次の3つの克服困難な弱みを回避するためだ。

❶会社員なので、日中にパソコンの画面に張り付いて景気指標をいち早く入手したり、板情報や株価チャートから市場参加者の心理を機敏に読ん

03

循環株投資（シクリカル投資）

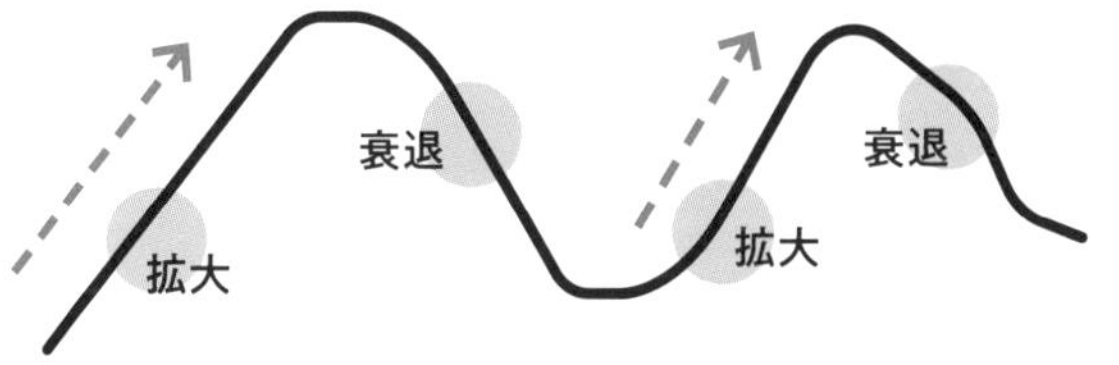

04

モメンタム投資

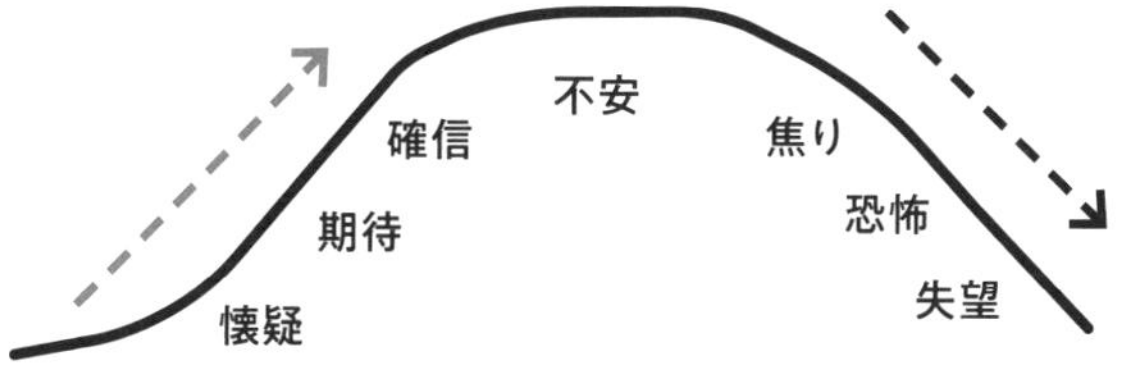

05

裁定取引（アービトラージ）

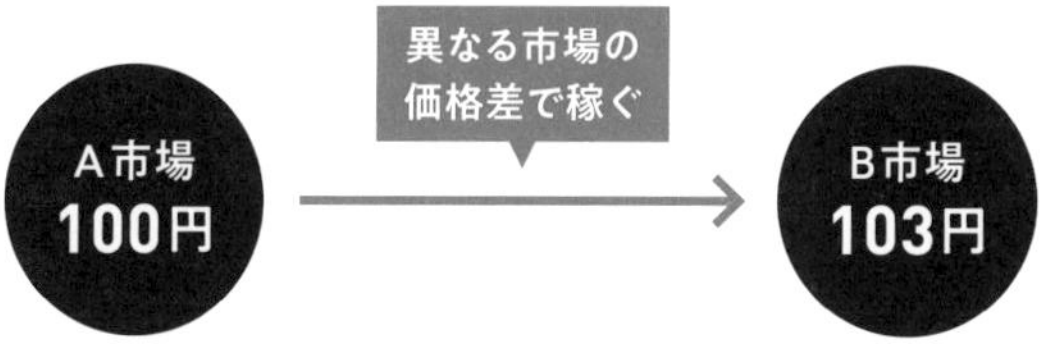

だりする投資スタイルは取れない

❷最も得意としている小型の成長株を機動的に売買するには、運用資金がやや膨らみ過ぎた

❸ブログなどの読者を混乱させかねない慌ただしい投資はしたくない

「**自分にはどういう克服困難な弱みがあるのか**」「**その弱みを回避するためにどの流れにフォーカスしてどのような投資スタイルを取るべきか**」。読者の皆さんもこの2つの問いを一度冷静に熟考してみてはいかがだろうか。

単純な売買ルールには弊害も

克服困難なもう一つの弱みとして、**感情的な弱みの回避法**も説明しておこう。株式投資を始めると、玉石混交の様々な投資情報が目に入ってくる。そのたびに感情が大きく揺れ動く。その結果、「この会社は極めて有望だ。年商が100億円に達するまでは絶対に手放さないぞ！」などと誓っていても、「つい

うっかりと売ってしまう」という最もしてはならない行動を取ってしまう。こうした失敗を防ぐには何らかの工夫が必要だ。優れた投資家の多くは**感情に任せた売買をしない**ために、**売買のルール**を設けている。私の場合は、次の3つの条件のどれかに該当しない限りは売らない。

❶本質的な価値に対して株価が高くなり過ぎた
❷成長が止まった
❸十分な調査の結果もっと良い銘柄を見つけた

感情の点から難しい判断が迫られるのが、❸の場合である。隣の芝生は青く見えやすいからだ。❸についてはハードルを高くする必要がある。少なくとも手持ちの銘柄と同等もしくは「ちょっとマシ」くらいなら乗り換えない。ただし、単純な売買ルールは時に弊害をもたらすことも覚えておこう。例えば、モメンタム投資では機械的な損切りをルールにしている人が多いが、それにより株価の下落が増幅するという弊害がある。この現象に着目した「ストップ狩り」を手掛けるプレーヤーも存在する。

株で儲けるためには**安く売ってくれる人から買い、高く買ってくれる人に売る**必要がある。この順番を逆にして、**高く買ってくれる人に空売りして、安く売ってくれる人から買い戻しても利益を上げる**ことができる。ストップ狩りは後者を狙ったものだ。まず高値で大量に空売りを仕掛ける。それによって株価が10％を超えて下がると、モメンタム投資家の損切りによる売りが次々と出てくる。このため、大量に空売りしていても安値で全量を買い戻す反対売買がしやすくなる。結果、濡れ手に粟で儲かるわけだ。

これが相場操縦に該当すれば違法行為だが、ネガティブな情報が出た場合にわざと株価が下がるように売り込んでいるのか、「適正な株価水準が下がった」という合理的な判断から売っているのかを判定するのは難しい。いずれにしても、こんな売買を仕掛ける人がいることも知っておいて損はないだろう。

図2

損切りを狙い撃ちする「ストップ狩り」の手口

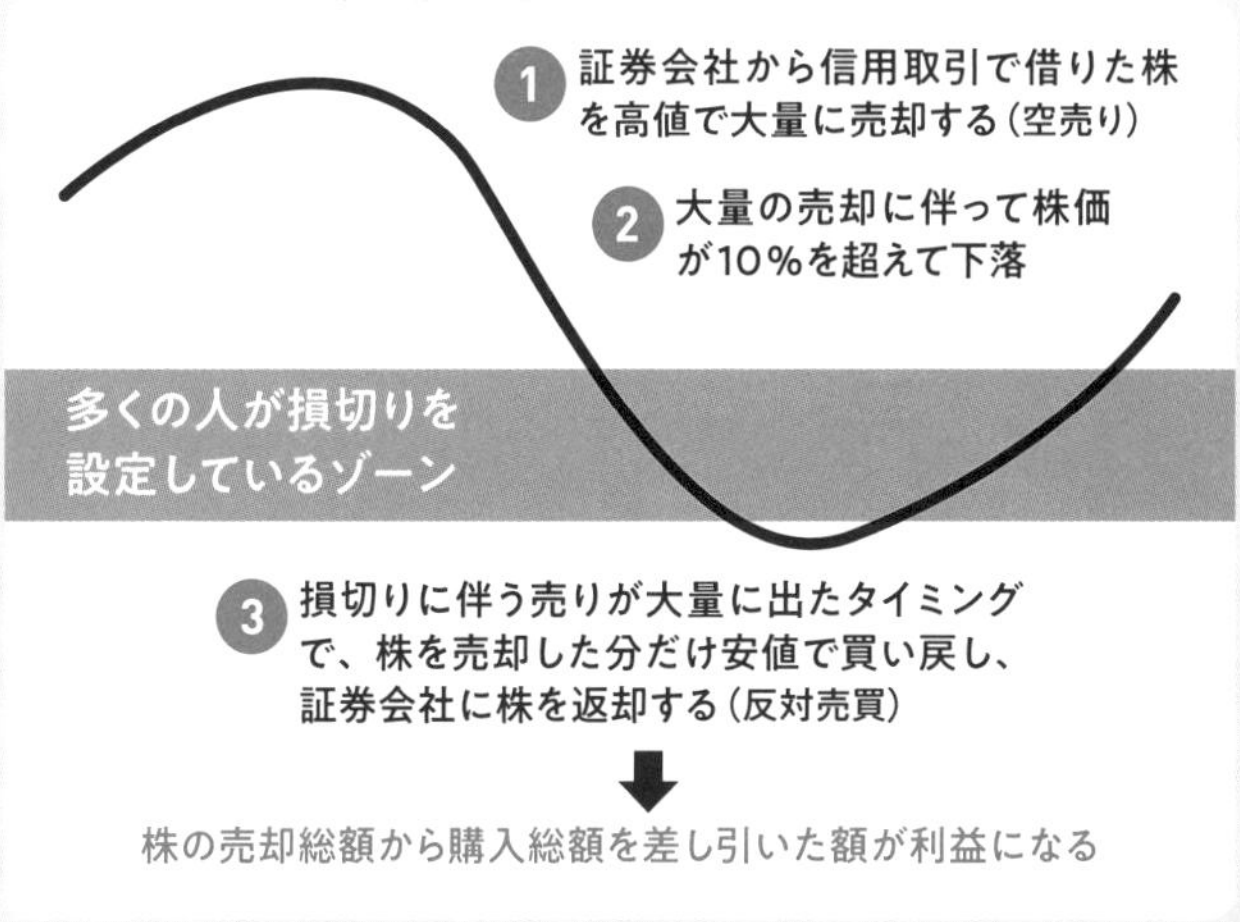
① 証券会社から信用取引で借りた株を高値で大量に売却する（空売り）
② 大量の売却に伴って株価が10％を超えて下落
多くの人が損切りを設定しているゾーン
③ 損切りに伴う売りが大量に出たタイミングで、株を売却した分だけ安値で買い戻し、証券会社に株を返却する（反対売買）
株の売却総額から購入総額を差し引いた額が利益になる

図3

弱みについてのまとめ

必要な知識（財務会計等）	できる限り克服したい。 ただし、時間をかけて、楽しく続けられるような工夫が求められる。
銘柄選定	自分が理解できて強みを発揮できる銘柄を選び、理解できない銘柄は買わないようにする。 ただし、理解できる範囲を広げる努力は怠らない。
流れ	弱みを回避するため、どの流れに着目してどの投資スタイルにするのか考える。
感情	売買ルールを設けることで、感情と行動とを切り離す。しかし、単純なルール自体が弊害を生むこともある。

本章で見てきた弱みをみをまとめると、前ページの表のようになる。参考にしていただきたい。

様々な局面で弱みの回避が鍵になる

つなげよう

難しい下げ相場の対処法
特にシクリカル株には要注意

2018年2月上旬に起きた世界同時株安——。ダウ工業株30種平均が過去最大の下げ幅を記録するなど米国株が急落。動揺は瞬時に波及し、世界の株式市場はそろって大きく下落した。読者の多くも「本格的な暴落の始まりか」と身構えただろう。個人投資家にとって「**下げ相場をどう乗り切るか**」は「**上げ相場でどう儲けるか**」以上に重要といえる。大きな下げ相場で全てを失わないための対処法について説明しよう。

まずは左ページのグラフをご覧いただきたい。これは、バブルがスタートしたとみられている1986年から2018年8月末までの日経平均株価の推移

図1

大暴落時には半値以下に

日経平均株価の長期推移

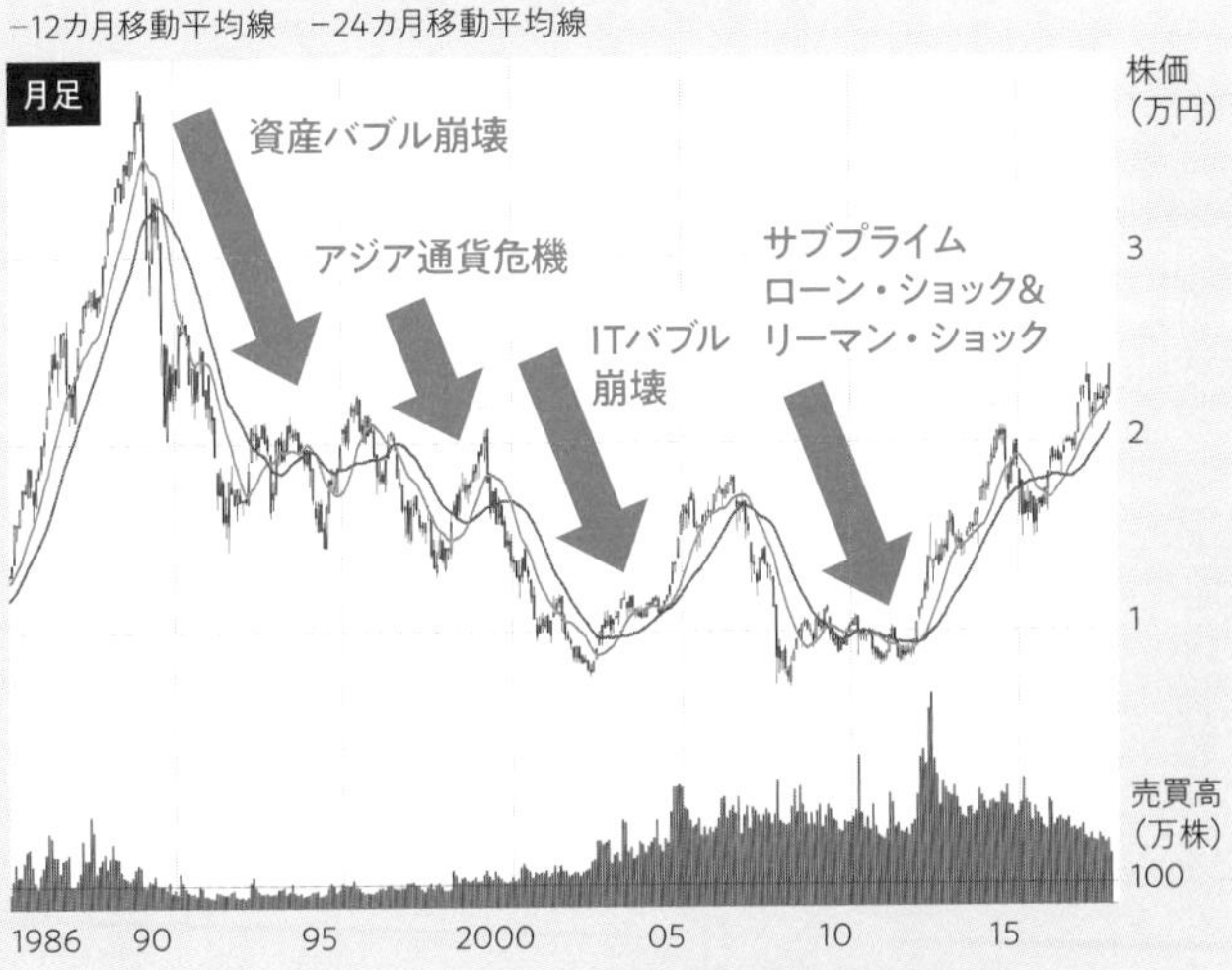

を示すチャートだ。**18年2月上旬ほどの下げなら過去に何度も起きている。**今となっては、それぞれの下げの原因を思い出すことも難しい。一方で、「**ＩＴバブル崩壊**」や「**リーマン・ショック**」といった**原因が後世まで記憶されるような暴落**においては、**日経平均は半値以下に下がってしまう**。また、**下げ相場は必ずしも一本調子ではない**ことも目に留まるはずだ。大きく下げた後には大抵落ち着きを取り戻す局面が数週間から数カ月は続く。しかし、「このまま上がり続けてほしい」という個人投資家の願いもむなしく再び暴落が襲ってくる。それが二度三度と繰り返すとほとんどの個人投資家は精神的に持ちこたえられない。そしてツイッターなどのＳＮＳ（交流サイト）には、「夜も眠れない」とか「もう無理」といった悲愴《ひそう》な書き込みが溢れることになるのである。

ここで誰もが抱くのは「**どうして天井付近で売却して手じまいしなかったのか**」という疑問だ。第三者的な目で冷静に見ると、「それまでの上げ相場で相当儲けていたら、下げ相場まで付き合う必要はない。ちょっと損したくらいのタイミングで投資をやめればよかったのに……」などと助言したくなろう。

やめられないのは依存症？

やめられない原因は幾つか考えられるが、**最大の原因は依存症**ではないかと私は疑っている。189ページの表は、米精神医学会が定めたギャンブル依存症の診断基準だ。10項目のうち5項目以上に該当するとギャンブル依存症と診断される。「ギャンブル」を「株式投資」に置き換えて10項目を読むとどうだろう。「自分は違う」と思いたいだろうが、胸に手を当てて冷静にチェックすると5項目以上に該当してしまう人も少なからずいるのではないだろうか。

株式投資がうまく回れば、得られる利益は競馬やパチンコの比ではない。普通の会社員ではまず手にすることのない大金を何度も稼ぐことになる。脳内麻薬のドーパミンが大量に放出されて、依存症的になってしまっても不思議ではない。10項目のうち特に問題となるのは3番目と6番目の項目だ。やめたくてもブレーキが利かない。相場は乱高下を繰り返し、明らかに危険な状態であるにもかかわらず、**負けを取り返そう**として信用取引や仕手株の売買といったリ**スクの高い取引**に手を出してしまう。**波乱相場は、下落幅だけでなく、一時的な上昇幅も大きい**のが特徴である。このため、すぐに負けを取り返せるように感じてしまい、撤退するという判断を下せなくなってしまうのだ。

ちなみに、私も「心配で夜も眠れない」という状況を過去に何回か経験している。その時は8番目と10番目の項目以外の全てに該当していたと思う。間違いなく私は依存症だった。だからこそ、こうした話も書けるのだ。

「穴にはまっていると気付いた時、一番大切なのは、掘るのをやめることだ」

これは、ウォーレン・バフェットの格言の一つである。もし自分が依存症気味でその状況から抜け出せないでいると判断できたら、この言葉を思い出してほしい。「損を取り返そう」とポジションをさらに大きくするのではなく、まずは掘るのをやめる。そして、自分の状況を冷静に見直すのだ。

人生は長い。損を取り返すチャンスはこの先何度でもある。**勝てる確率の高い局面で自分にとって最高の銘柄を探し出して、満を持して大勝負を仕掛ける。**

check!

ギャンブル依存症の診断基準

☑ ❶ いつも頭の中でギャンブルのことばかり考えている。

☑ ❷ 興奮を求めてギャンブルに使う金額が次第に増えている。

☑ ❸ ギャンブルをやめようとしてもやめられない。

☑ ❹ ギャンブルをやめているとイライラして落ち着かない。

☑ ❺ 嫌な感情や問題から逃げようとしてギャンブルをする。

☑ ❻ ギャンブルで負けたあと、負けを取り返そうとしてギャンブルをする。

☑ ❼ ギャンブルの問題を隠そうとして、 家族や治療者やその他の人々に嘘をつく。

☑ ❽ ギャンブルの元手を得るために、文書偽造、詐欺、窃盗、横領、着服などの不正行為をする。

☑ ❾ ギャンブルのために、人間関係や仕事、学業などが損なわれている。

☑ ❿ ギャンブルでつくった借金を他人に肩代わりしてもらっている。

これが成長株投資の醍醐味だ。**苦しい局面で起死回生を狙ってリスクの高い大勝負を仕掛ける**のは、醍醐味でも成功の秘訣でもない。

「自分は株式投資依存症だ」。そう気付いた時、私は証券口座から運用資金の大半を引き出して銀行の窓口に行き、安定運用型の投資信託を買った。簡単には株に資金を振り向けられない状況をわざとつくったのである。それでも証券口座に資金の1割ほどを残した。完全にはやめられないことを自覚していたからだ。株の運用資金を急に1割まで減らすと、刺激が小さ過ぎて最初は不満だったが、慣れてくるとその範囲でも損をすれば悔しいし、儲かれば優越感を得られるようになる。**完全に株式相場から身を引かずに、少額で様子を見続ける**ことで得られる新たな知見もある。読者の方々にも参考になれば幸いだ。

シクリカル株にご用心

ところで、アマチュアの個人投資家が株式投資で全てを失う原因は依存症だけではない。**冷静に判断しているつもりだが、大きな間違いを犯して失う**ケースもある。例えば、**好景気から不景気に転換した後の大きな下落局面では、それまでの投資の根拠が全く通用しなくなる。**景気が上向きと下向きとでは全く景色が変わるのだ。特に景気がピークに至った時、業績が景気の動向に大きく左右される**シクリカル（景気敏感）株のPER（株価収益率）が一時的に非常に低くなる**という現象が起きる。それを見て「バーゲンセールだ」と大勝負を仕掛けたくなるが、これこそ大きな罠である。**景気の影響を受けやすい企業の業績は瞬く間に悪化して、PERは一転して急上昇する**からだ。

なぜこのような現象が起きるのか。仮に景気のピーク時にEPS（1株当たり純利益）が200円に達し、景気の低迷時には50円の赤字に転落するシクリカル銘柄があるとしよう。193ページの図のように、この銘柄の長期的なEPSの平均値は（200－50）÷2＝75円となり、**長期的な適正株価はこの平均値を基に算出するのが合理的**である。PERの適正水準が12～15倍であれば、長期的な適正株価は900～1125円の範囲になる。

ところが、実際の株価はこの範囲に収まらない。恐らく景気のピーク時にはその時のＥＰＳ２００円を基に、適正ＰＥＲの12～15倍を掛けた２４００～３０００円まで上昇する。だがその後に、長期的な適正株価の範囲を知る投資家の売りで株価は下がり出す。２０００円付近まで下がると、ＥＰＳ２００円で算出したＰＥＲは10倍となる。とても割安に見えるが、この水準でも長期的な適正株価と比べると2倍近い高値なので下げ止まらない。目先のＰＥＲだけを見て大勝負に出たら、傷口を広げる結果に終わる。

私は、**景気の過熱感が漂って株価がバブル的になったら、さっさとゲームを降りる**。特に時価総額の小さい小型株をまとまった金額で買い集めると、価格が下がり始めた後では買い手が付かない。だから、**過熱気味に買いが入っているタイミングで早々と売り、**その後の株価は気にしない。「**頭と尻尾はくれてやれ**」だ。１７９ページの成長株売却の３つの条件でも、景気の転換点では多くの企業が一時的に成長が止まり、株価は大抵割高になっており、**❶本質的な価値に対して株価が高くなり過ぎた❷成長が止まった**――の２つを満たす。

図2

シクリカル株の適正価格は EPSの平均値で算出するのが合理的

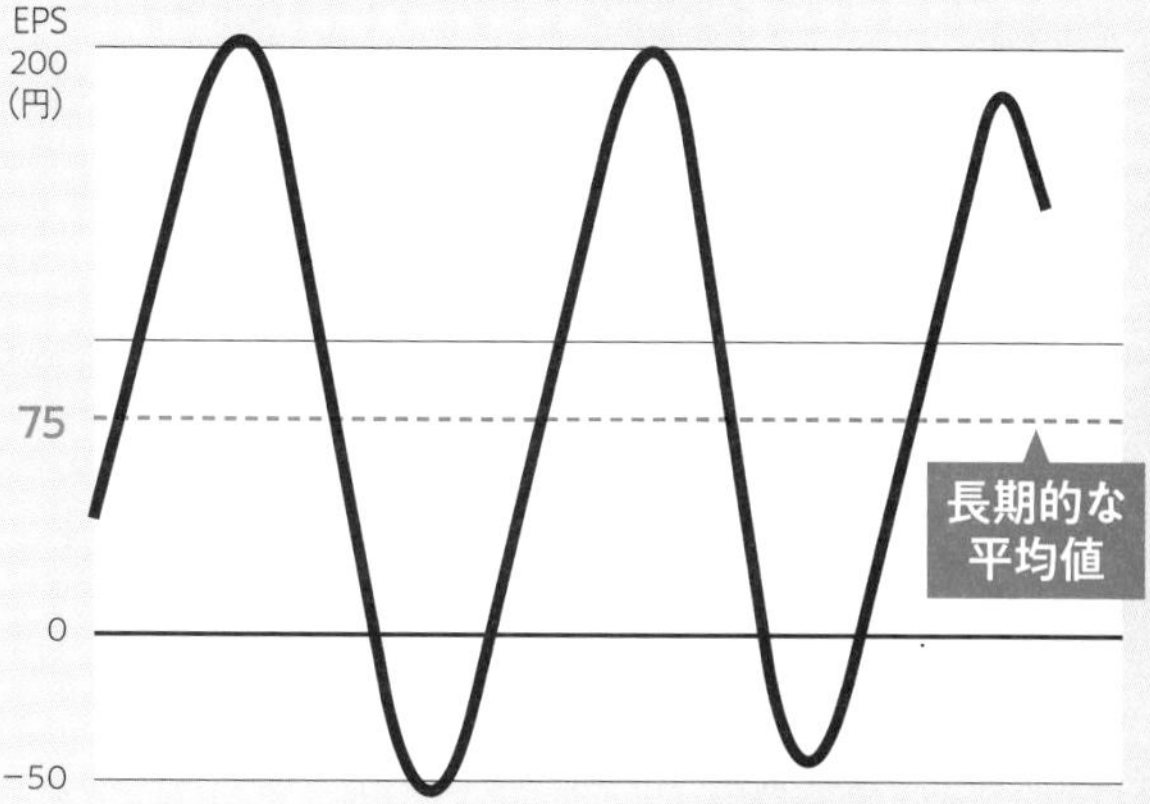

もちろん、景気低迷は一時的な現象ですぐに持ち直す可能性もあるため、判断は難しい。そこで私は、極力、シクリカル株は買わないようにし、景気の影響を受けにくいディフェンシブ株や、シクリカルと考えられている業種の中でも、景気の影響を受けにくい継続課金型のビジネスモデルを構築している企業を中心に投資してきた。もっとも、有望なシクリカル・グロース株を見つけた場合はそれも購入するのだが、この場合はあまり欲張らず、早めにゲームを降りることで大きなダメージを避けることにしている。

POINT4

下げ相場への対処は依存の解消から

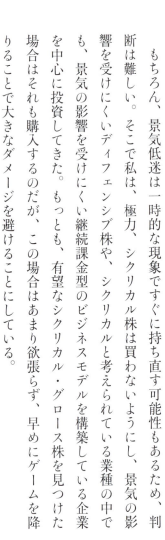

COLUMN 04

貯蓄大作戦で種銭をつくる

166ページで、「年収300万円でも1000万円貯まる方法を、年収800万円の人がやれば6000万円貯まる法則」を紹介した。ここで改めてポイントを説明したい。

ギャンブルばかりやって預金がほとんどなかった私は、結婚を機に貯蓄に励むことにした。妻からは「まずは1000万円を貯めよう」と持ちかけられた。貯蓄は収入から支出を差し引いたもの。数式で表すと、「収入－支出＝貯蓄」になる。貯蓄を増やすには収入を増やすか、支出を減らすかの2つの方法しかない。理屈は至ってシンプルだ。もっとも、多くの企業で年功序列に基づく昇給制度が崩壊する中、真面目に会社員を続けるだけでは年収、すなわち収入を増やすことは難しい。そこで私たち夫婦は、支出を抑えることで1000万円の貯蓄を目指すことにした。要はドケチに徹したわけだ。

①ドケチに秘策なし。先人の教えをただ実践すべし

「どうすれば支出を抑えることができるのか？」

こんな声が聞こえてきそうだが、その手段や方法は、ネットや本で探せばすぐに見つかる。食料品は大きく割引される閉店間際に買う。チラシを比較して1円でも安い店に行く。お一人様1個までの激安商品を買うときは赤ちゃんも連れていく――。実に様々な方法がある。あなたはそれらをただ実践しさえすればよい。それだけで確実にお金は貯まる。必要なのはヤル気だけだ。

目標を定めて予算を設定し、定期的に進捗を管理する。

「その商品の購入は本当に必要か？」

「必要であっても、価格は相場と比べて割高ではないか？」

「もっと安く購入する方法はないか？」

会社員として自分の仕事を管理するのと同様に、家計を管理すれば、誰でも明日からお金は貯まりだすはずだ。

②ゲーム感覚で楽しみながら

目標は1000万円だったが、結局3年余りで2倍の2000万円も貯まった。これには妻ともども驚いた。普段は支出のみを管理し、通帳は数カ月に1回程度しか見なかった。見るたびに何百万円も増えている預金残高を見ては感動し、さらなるドケチに励んだのである。

こう書くと、爪に火をともす生活をしていたかのように思われるかもしれないが、実際はそんなことはない。当時はドケチの取り組みを楽しんでいた。頑張ればその分だけお金が貯まるので、ゲームをしているような感覚で実行できたからである。

閉店の間際に半値になった食パン、そして2個で1個分の値段になったミンチ。100円でパック一杯に詰められた魚のアラ。キャベツやもやし、特売品がさらに半値になったものなどを袋いっぱいに買い込んでも、なかなか支払いの合計が1000円を超えない。「とことん切り詰めればここまで食費は抑えられるのか……」。驚きと感動の毎日だった。

③ドケチはカッコいい

社員食堂で「お茶とご飯とイワシ1品」という粗食ランチを楽しんでいたことがある。同僚や若手社員には笑われたが、もちろん、そんなことは気にしない。ところが、ある古参の先輩社員から「おまえ、メザシの土光さんみたいな奴だな」と褒められた。メザシの土光さんとは、石川島播磨重工業（現ＩＨＩ）や東京芝浦電気（現東芝）の社長を歴任し、徹底した合理化で両社の経営再建を果たして、後に中曽根康弘内閣の下で行政改革を指揮した土光敏夫氏のことである。

メザシの土光さんとは、質素な暮らしぶりから付いた異名だ。ずいぶん以前に亡くなられた方なので、私は土光さんのことをよく知らなかったのだが、先輩社員からそう褒められたのを機に、「質素な暮らしはむしろカッコイイ」と考えるようになった。格好いいとか悪いといった判断基準は、人によって異なってよいものだ。自分さえ納得すればそれでよいのである。

④貯められるときに貯める

今振り返ると、結婚直後から子供が生まれるまでの3年ちょっとという期間は、貯蓄をするには最高のタイミングだったと思う。夫婦2人で働いて目いっぱい稼げるし、生活費を除くと、どうしても必要な出費はほとんどない。人生において集中的に貯蓄をしたいなら、結婚直後から子供が低学年のときくらいまでが最善だといえる。

その後は、教育費もかかり始め、家も買いたくなる。社会的地位が高まってくると、あまりのドケチは気恥ずかしいし、恥ずかしい思いを子供にさせたくないという親心からも、少々は見栄も張る必要が出てくる。

当時、地方勤務を命じられていた私は、前任者から15年落ちの中古車をタダで譲り受け、喜んでそれに乗っていた。しかし、小学1年生になった娘から「この車、カッコワルイ」と言われて、さすがに考えを改めることにした。購入した新車を前に大喜びしている娘の姿を見て、「もう極端なドケチはやめよう」と決断したのである。

図1

100万円／年を年率20％で運用した場合

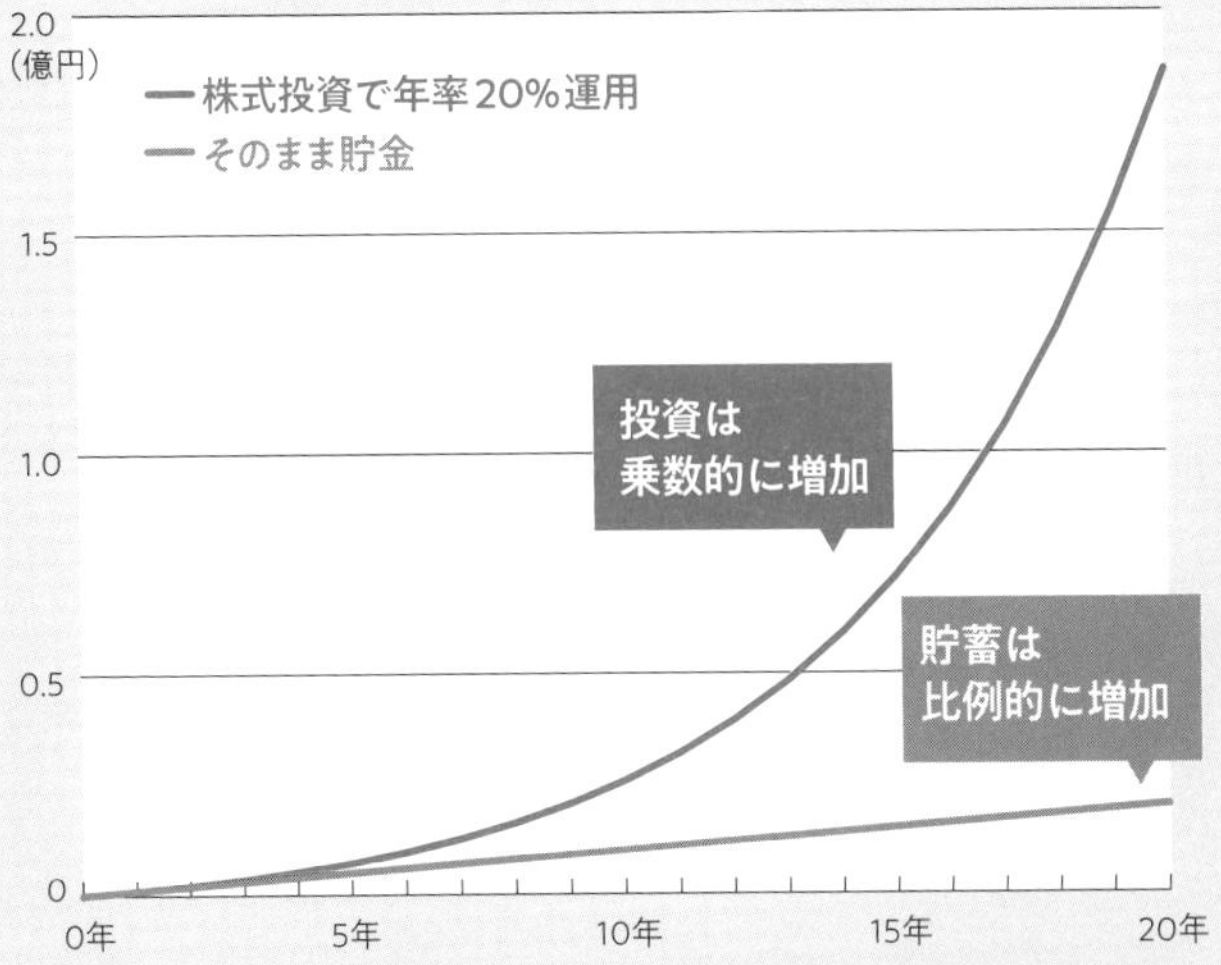

仮に毎年100万円ずつ貯金すれば、20年間で2000万円は貯まる。一方、その100万円を毎年株に投資し、年率20％で運用できれば、20年後には2億円近い財産をつくれる。貯蓄だけでは金融資産1億円の達成は難しいが、投資を絡めることでそれは夢ではなくなる。

⑤ドケチで1億円は厳しい。投資で増やして本物のリッチになれ

娘が大きくなるにつれて、徐々にドケチのレベルを下げてきた。結果、今では人並みの生活をしているつもりなのだが、それでもドケチ根性は抜けきらず、所々で貯蓄体質は維持されている。

ただ自らの経験を踏まえて一つ言えるのは、ドケチだけで資産1億円を実現するのはかなり難しいということだ。やってやれないことはないかもしれないが、それでは単にドケチに人生を捧げることになってしまう。

ある程度貯まったら、そのうちの何割かを投資に回そう。ドケチでは比例的にしか増えていかない資産も、投資なら乗数的に増やすことができる。お金がお金を生み、雪だるま式に資産の増加が加速していくのだ（前ページのグラフ参照）。ドケチで貯めたお金を投資でさらに何倍にも増やすことができたときにドケチの努力は完全に報われる。もう、少々のぜいたくをしても、お金は減らない。「収入－支出＝貯蓄」の収入の部分が増加しているからだ。

つなげよう

PART 5

ウラを取る

つなげよう

「企業の概観を正しくつかむ5つのポイントに習熟しよう」

本章では「つ・な・げ・よ・う分析」の最後にある「**(う) ウラを取れ**」を説明する。第3章の「原理を知る」で解説した投資の原理原則を実践に移すには、その根拠を確認する、すなわち、ウラを取る作業が最も重要になる。

まずは、企業を俯瞰する方法を紹介したい。私はブログの読者の方々から様々なコメントを頂くが、その中には株式投資に関する悩み事の相談がよく含まれている。特に初心者と思しき方に多く見られるのが、「**企業とはおおむねこういうものだ**」という概観をつかみ切れず、投資先の企業を誤解しているケースである。

「つ・な・げ・よ・う分析」の5つのスキル

つ
強みを知れ
➡自分ならではの強みを理解する

な
流れを知れ
➡複雑な株価の流れを理解する

げ
原理を知れ
➡株価が決定する原理原則を理解する

よ
弱みを知れ
➡個人投資家や人間ならではの弱みを理解する

う
ウラを取れ
➡決算書や会社資料で必ずウラを取る

例えばソニー（東1・6758）については、鮮烈だったかつての家電メーカーのイメージをいまだに持ち続けている人が多いようだ。しかし、事業の構成比率や利益貢献から見れば、現在の本業は、ゲーム、音楽などのエンターテインメントや損害保険などの金融である。このように企業について誤解するのを防ぐために、企業を俯瞰できるようになることが必要だ。

ソニーの例のように企業を誤解しやすいのは、ブランドや広告宣伝、店舗の内装や商品のパッケージといった特徴的な部分のイメージが強く、それに引っ張られてしまうからだろう。そこから生じる誤解は株価に反映され、実は企業の実際の価値と株価の間にギャップが生まれる素地になっている。株式投資で儲けたいなら、企業の表面的なイメージに引っ張られてはならない。**企業全体をバランスよくつかむ力**を身に付けることが求められる。

ここで、私のブログのタイトルにも使用している「梨の木」を中央に据えた左ページの図をご覧いただきたい。梨の木を登場させたのは、複雑に見える企業という存在をなじみのあるものに置き換えて説明すると理解がしやすくなる

図1

企業の概観を俯瞰する
5つのポイントを
理解するための「梨の木」の絵
外部要因
（市場全体）
商品・サービス
（収益性、競合）
経営者
内部要因
（成長性、健全性）
外部要因
（業界、業態）

からだ。かつては小さかった梨の苗木が厳しい自然環境の中で成長して、今は大木となって多くの梨の実を育んでいる。その姿が象徴するのは、**小さなベンチャーから大企業へと成長した**会社だ。厳しい事業環境の中で競争を勝ち抜いて規模を拡大してきた。そして上場を果たして、多くの商品やサービスを世の中に広く提供するようになった成長過程も想起させる。同時に、**企業を分析するために必要な5つのポイント**も描かれている。順に見ていこう。

ポイント❶成長性 ポイント❷健全性

まず、木の幹に当たる部分に目を向けていただきたい。そこから出た吹き出しには、「**内部要因（成長性、健全性）**」と記されている。もし「この梨の木を売りたい」と所有者から言われたら、読者のあなたは最初に何を気にするだろうか？　恐らく「**この梨の木は成長しているのか？**」「**健康な状態を維持できているか？**」という2つの点だろう。株式投資も同じだ。私が投資する前にまずチェックするのは、企業の成長性と健全性である。

ただし、**企業の成長性と健全性をチェックするには、ちょっとしたスキルが必要**になる。このことも梨の木を例に説明しよう。梨の木の成長量は、ただ木の様子を見るだけでは把握できない。毎年同じ時期に木の太さを測り、その差を調べることが必要だ。

同様に企業の成長性をチェックするためには、**過去の決算資料から売上高や利益などの業績のデータを拾い出し、経年の変化を調べる**作業をしなければならない。私の場合は、東洋経済新報社の『会社四季報』に掲載された過去3期分の実績と今後2期分の予想の数字を最初に確認する。そして気になった企業があれば、その会社の公式ウェブサイトで決算書類や決算説明資料を手に入れて、さらに過去に遡ってデータを拾い、詳しく比較分析する。

一方、企業の健全性のチェックでは、やや**専門的な財務会計の知識**が必要になる。梨の木の健全性が知りたければ、樹木医のような専門家のスキルが必要となるのと同じだ。私はまず会社四季報で、**自己資本比率、キャッシュフロー**

PART1 つ 強みを知る
PART2 な 流れを知る
PART3 げ 原理を知る
PART4 よ 弱みを知る
PART5 う ウラを取る

計算書の内容、そして**現金同等物と有利子負債の差**をチェックする。**借金が少なく、現金収入が安定的に入ってくる**形になっていれば、「健全」と判断していい。ここまで読んで、「何のことかさっぱり」という方は、財務分析の勉強も少しずつ始めるとよいだろう。

ポイント❸ 企業の商品・サービス

次に梨の実に目を転じると、そこから伸びた吹き出しには、「**商品・サービス（収益性、競合）**」と書かれている。いくら木が健康に成長していても、梨の実がまずかったら、「この梨の木を買おう」とは思わないだろう。梨の形や味を確かめるには、実際に手に取って食べる必要がある。企業の場合も、**商品やサービスを利用して、使い勝手などを実際に体験する**ことが求められる。

もう一つ重要なのは、あなたが**普段何気なく商品を購入したりサービスを利用したりしている企業の株を調べる**ことだ。知らず知らずのうちに気に入って使っているということは、「梨の実がおいしい」ことに他ならない。米アマゾン・ドット・コム（AMZN）や日本マクドナルドホールディングス（JQ・2702）、100円ショップのセリア（JQ・2782）など、よく利用してなじみのある企業の過去10年の株価チャートを見てみよう。頭がクラクラするほど、株価が大上昇していることに気付くはずだ。

ただし、なじみのない企業にも株価が大上昇してきた会社は数多く存在する。やや玄人っぽい投資になるが、実際に商品やサービスを体験しなくても、「恐らくあの梨の実はおいしい」と想像する方法はある。どれだけ儲かっているか、つまり、**収益性を確認する**ことだ。

収益性を確かめるには、**ROE（自己資本利益率）**や**ROA（総資産利益率）**という財務指標を調べるとよい。ROEは純利益を自己資本で除して算出する。ROAは純利益を総資産で除して求める。**これらの指標の数字が同業他社のものと比べて高ければ、恐らくその企業の商品やサービスは何らかの理由で競争力がある**とみていい。

ポイント④ 企業の外部要因

4番目のポイントは**外部要因**だ。大きく分けて2つある。梨の木は常に変動する気象の中で育っていくが、風当たりの弱い肥沃な土地で育つ木と風当たりの強い痩せた土地で育つ木とでは、随分と生育状況が異なる。せっかくできた梨の実が風で落ちてしまう確率も前者の土地の方が低いだろう。

企業にとって常に変動する気象に該当するのは**景気**や**為替**、**政治動向**、**国際情勢**などだ。特に景気や為替の変動は幅広い企業の業績に影響を及ぼす。日々の株式関連ニュースは、冒頭でその日の日経平均株価やＴＯＰＩＸ（東証株価指数）などの代表的な株価指数がどれほど変動したかを報じ、為替などの影響を解説する。それらも重要だが、株式の長期投資にとってより重要なのは、どんな土地で栽培されているかだ。企業にとっての土地、すなわち、**どの業界や業態に根を下ろしているのか**をしっかりと見極める必要がある。左ページのセリアの株価と日経平均の推移を比較したチャートからも分かるように、適切な業界に根を下ろして、おいしい梨の実を提供し続けることができれば、日経平

図2

セリアの株価と日経平均株価の推移

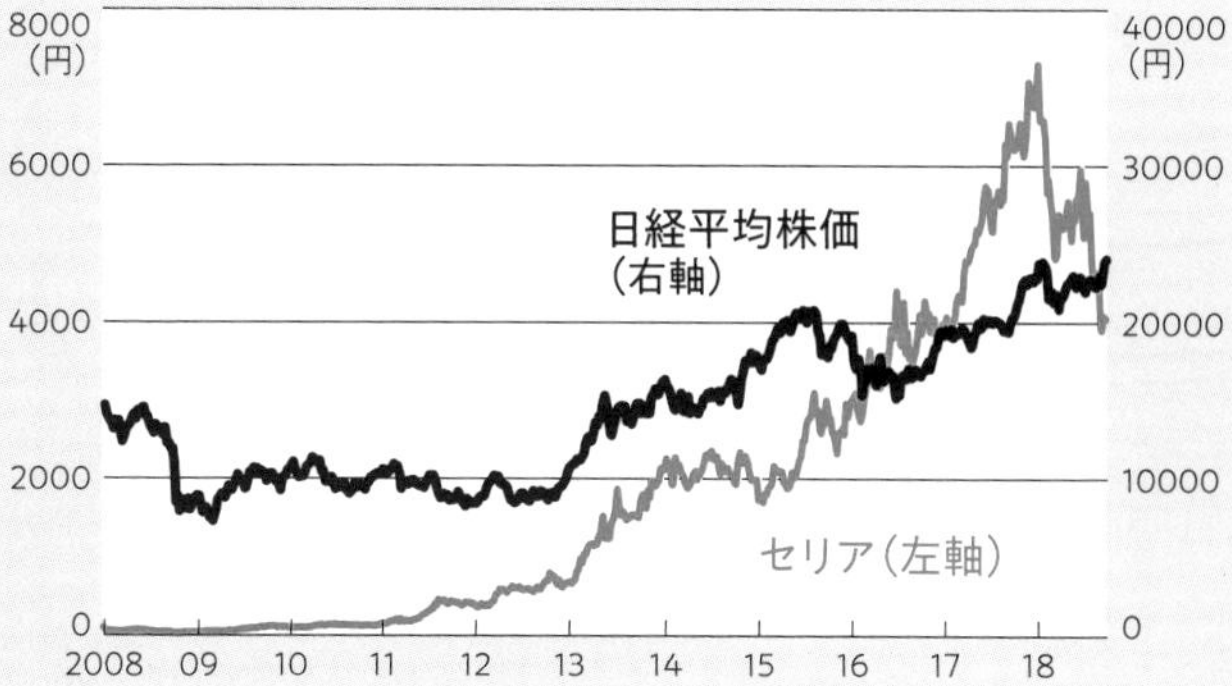

均やTOPIXが示す相場全体の動向にほとんど左右されることなく、株価は長期にわたって上昇し続ける。景気や為替は全くもって予想できないし、機関投資家のプロたちが圧倒的に有利な領域でもある。**変化の激しい空模様ばかり見て一喜一憂せず、大地に目を向け続ける**ことが肝要だ。

ポイント⑤ 企業の経営者

最後の5番目のポイントとして**経営者**に触れたい。梨の木を育てる栽培者の腕によって、梨の味は全く異なってくる。同様に、**伸びる企業には必ず優れた経営者が存在**する。しかし、私の経験から言うと、**経営者の力量を見極めるのは簡単ではない**。投資信託の「ひふみ投信」を運用する資産運用会社レオス・キャピタルワークスの藤野英人社長は、『スリッパの法則』という著書の中で「**創業者の魅力にだまされるな**」と主張している。全くその通りだと思う。

創業社長にせよ、サラリーマン社長にせよ、上場企業の経営者はどの方もとても魅力的だ。そんな方々の中から、特に実力のある人を見分けるのは非常に難しい。ただし、経営者に会わなくても、**事業計画や事業そのものをじっくりと見ていけば、おのずと経営者の考えは伝わってくる。**つまり、栽培者の顔を眺めるのではなく、防風林や土壌を確認し、実際に梨を食べることで、経営者を知ることができるのである。

POINT1

企業の概観をつかむのが成功の初歩

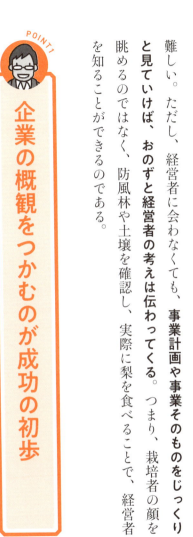

つなげよう

企業の成長性のウラを取る 3つのプロセスを覚えよう

「梨の木モデル」で企業の概観をつかむ重要性を説明した次は、**企業の成長性についてウラを取る**、すなわち、裏付けを得る3つのプロセスを解説しよう。

① 企業の情報を集めて確認する

街角ウオッチや日々のニュース、『日経会社情報』や『会社四季報』などで成長株として有望そうな会社を見つけたら、まずはその企業の**ホームページをのぞこう**。そこで製品の情報や経営者の考え方、ビジネスモデル、近年の業績推移などを確認できるはずだ。その会社の事業があなたの本業に近ければ、その企業の動向について込み入った事情も含めて理解できるだろう。それはあなたの強みである。

一方で、そのような強みを持ち合わせていないジャンルでも、有望株を見つけることは可能だ。ただし、この場合はホームページの情報だけでは十分とはいえない。実際に商品を手に取ったり、サービスを試したり、ネットで関連業界の情報を幅広く収集したりして、**さらにウラを取りに行く**必要がある。

株式投資にはリスクがつきものだが、それには大きく2つの種類がある。一つは、**誰もが予期できない本当の意味でのリスク**。もう一つは、あなたが**無知なるが故に取ることになった無用なリスク**だ。後者は**できる限り小さくする努力**が必要である。それは結果としてあなたの知見を広げ、将来の得意分野を増やすことにもつながる。

私は飲食業とは全く無縁の仕事をしてきたが、ピーター・リンチの著書を読んで外食産業の有望性に気付き、集中して外食企業を調査したことがある。各社のホームページを調べまくって、気になった会社の店舗で昼食を取って店の様子をチェックするようにした。その結果、チェーン店の脂っこい食事ばかりで太ってしまったが、外食は私の得意ジャンルになった。

②決算で業績動向を分析する

情報収集や実地調査の次に取り組むべきは、**長期的な業績動向の分析**だ。それには、過去数期分（5～10期分。上場してから5期に満たない新興企業の場合は上場以降分全て）の決算書をホームページからダウンロードして、**損益計算書に記された数値をひたすら表計算ソフトに入力する**作業をするといい。

財務3表のうち、なぜ貸借対照表やキャッシュフロー計算書ではなく、損益計算書を分析の対象にするのか。**成長株投資では企業の業績の伸びが最も重要**であり、それを表す**損益計算書を分析の中心に置く**べきだからである。貸借対照表やキャッシュフロー計算書は、将来の増資リスクや倒産リスクを確認するための補助的な扱いと考えても構わない。

図1

四半期ごとのモメンタムを確認しよう

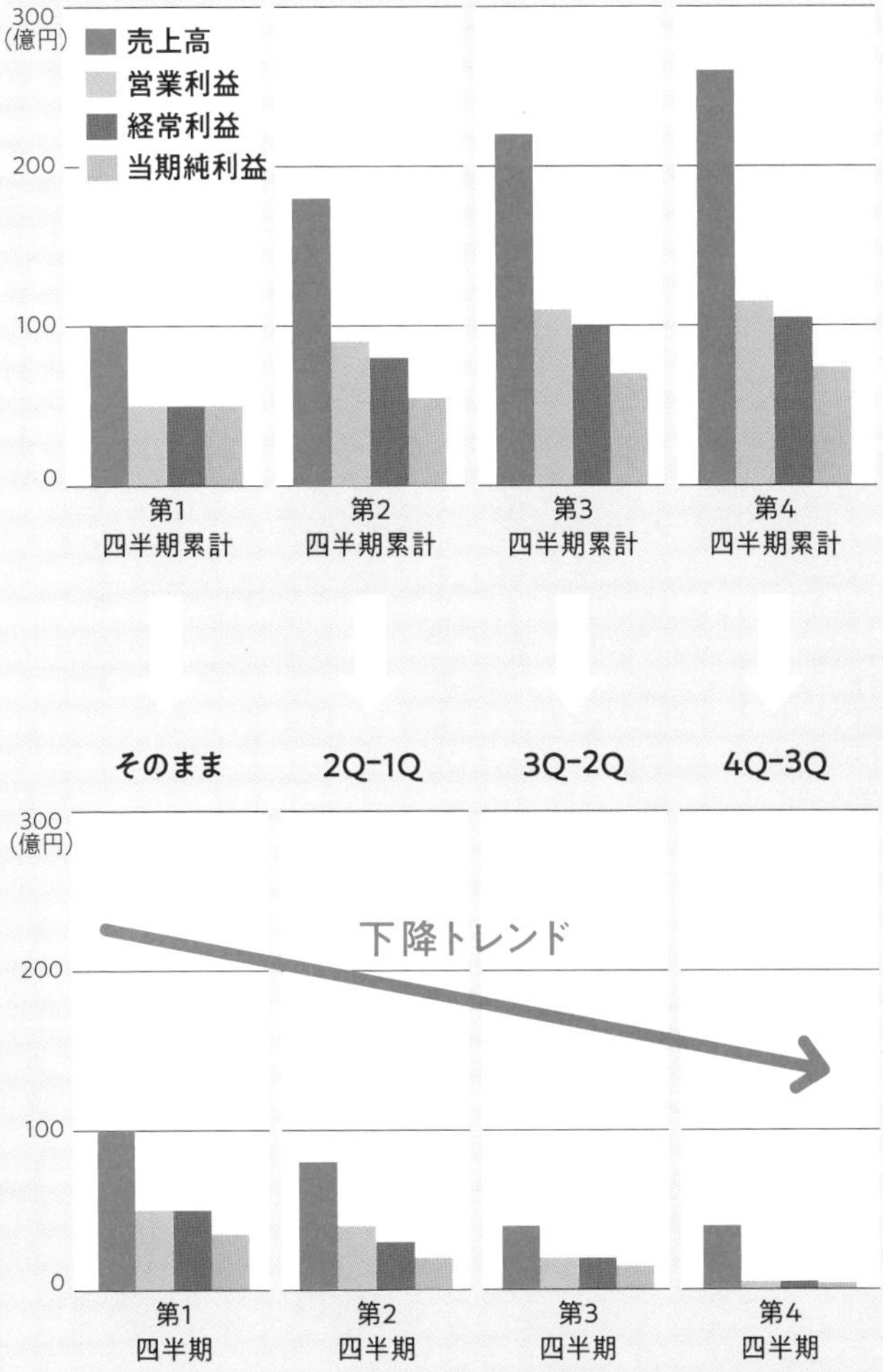

ここで、やや基本的な話をしよう。新聞やネットの報道は大抵の場合、決算短信の数値をそのまま報じる。例えば、「A社の今期営業利益は過去最高を更新。前期比45％増」などといった具合だ。これを見て「A社株は有望だ。株価も上がるに違いない。だから株を買おう」と単純過ぎる行動を取るようでは、上達はおぼつかない。

ポイントを具体的に説明しよう。決算短信の最初のページには、その期の累計の数値が記されている。第2四半期決算の短信ならば第1と第2四半期の累計、第3四半期決算の短信ならば第1、第2、第3四半期の累計である。ところが**株価は、例えば第3四半期決算の発表時点では当然のように第2四半期までの実績を完全に織り込んでいる**。だから、投資家の関心は第3四半期単独の数値に集中している。そこで求められるのは、**累計である決算短信の数値から当該四半期単独の数値を抽出する**作業だ。

前ページの2つのグラフで示したように、最新の短信の数値から1四半期前の累計を差し引くだけでいい。表計算ソフトで詳細に入力すれば、売上総利益

図2

企業によって稼ぎ時は異なる

四半期営業利益の大きさの比較

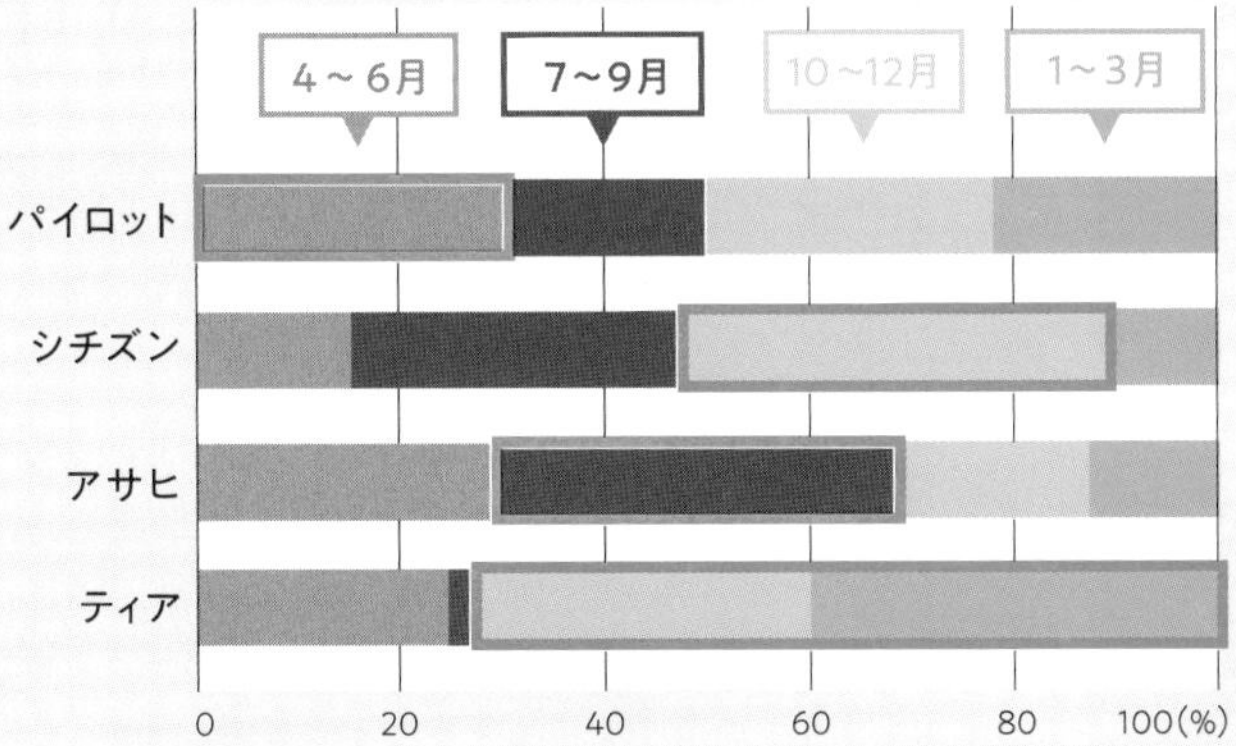

図3

パイロットコーポレーションの四半期ごとの営業利益の推移

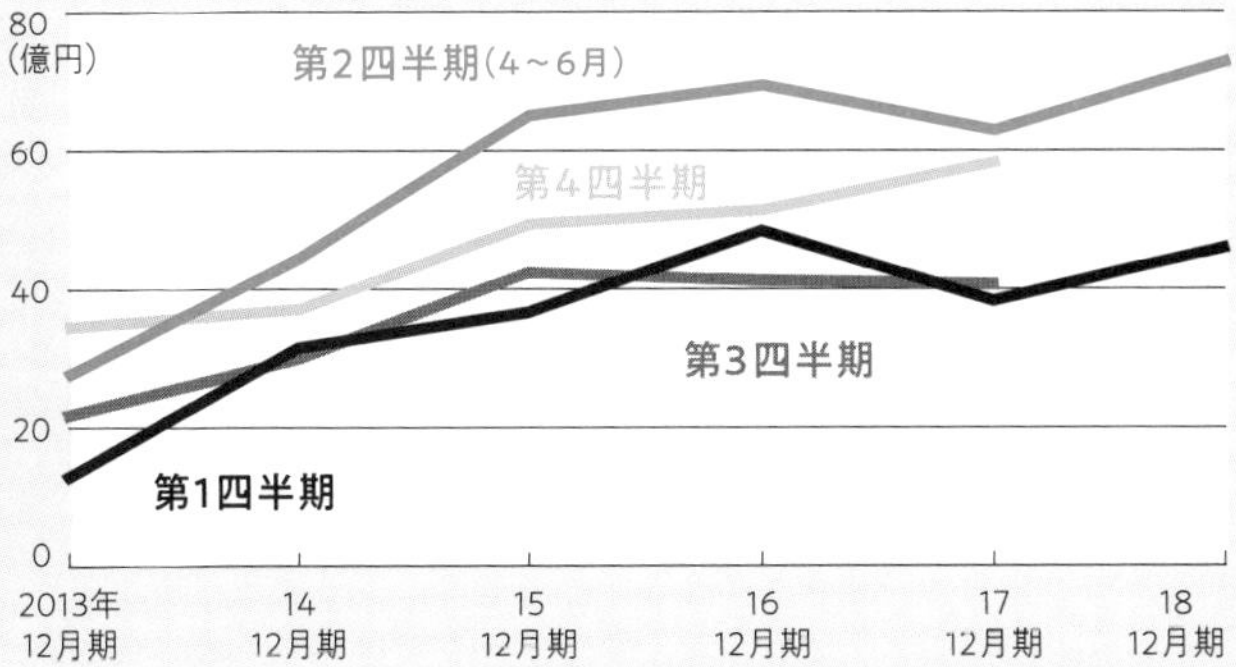

や販管費の推移も確認できて、業績の変動理由を探り当てる助けにもなる。仮に、通期（第４四半期）の累計が過去最高益で前期比45％の増益だったとしても、四半期単独の営業利益の推移が第１四半期以降に下降トレンドをたどっていることが確認されれば、決算発表の直後から大きく売り込まれるだろう。

もっとも、**業態によっては下降トレンドのように見えても必ずしも業績が悪化しているとはいえないケースもある**ので、注意が必要である。例えば、消せるボールペンが大ヒットになったパイロットコーポレーション（東１・７８４６）。この会社の稼ぎ時は、新学期の４～６月期であり、反動で７～９月期は営業利益が減少する。この現象だけを見て、下降トレンドに入ったと判断してはいけない。シチズン時計（東１・７７６２）の場合は、主力の腕時計はクリスマスシーズンに売り上げが伸びるため、10～12月期の営業利益が大きくなるし、ビール首位のアサヒグループホールディングス（東１・２５０２）は、ビールや清涼飲料水の販売が夏場に膨らむので、７～９月期の利益が最も大きくなる。葬儀会社のティア（東１・２４８５）の場合は、営業利益の大半が年度後半に集中する。冬の寒さが人の命に大きな影響を与えるということだろう（前ページのグラフ参照）。

このように**特定の季節に集中的に稼ぐ企業の場合は、過去1年の決算推移を見るだけでは足りない**。過去数年分において四半期単独の数値を抽出する作業を繰り返して、**各四半期単独の数値の前年同期比の推移を確認する**といい。

③成長の継続性を吟味する

作業の結果、例えば過去3年ほどの利益の拡大が確認できて、「どうやらこの会社は成長軌道に乗っている」と判断できたとして、**投資家として重要なのは利益成長が今後も続くかどうか**である。この時点で考えるべきポイントは2つある。一つは、このまま成長が続いたとして**成長の限界はどのあたりにある**のか。もう一つは、**ビジネスモデルの中に成長の仕組みが内在している**構造になっているかだ。

駐車場運営会社のパラカ（東1・4809）を例に説明しよう。同社の主力事業はコインパーキングだ。自動車を運転していると実感できるのだが、以前はコインパーキングの数が絶対的に不足していた。違法駐車の取り締まりが厳しくなったこともあり、駐車しにくいエリアはかなり存在していた。その状況が続く限り、成長は続くはずだ。ところが、最近は「駐車しやすい」と感じることが増えてきた。この状況が日本全国に行き渡れば、コインパーキング企業としての成長は限界に達したとみていいだろう。

もう一つのビジネスモデルの構造については、長期にわたって利益を稼ぎ出す形になっている。パラカの営業スタッフが、マンションなどの建設が当面具体化せず、コインパーキングで日銭を稼ぎたいと思う土地のオーナーと交渉してコインパーキングを1つ開設することに成功すれば、そのパーキングは数年にわたって利益を上げるだろう。同社の営業スタッフがコインパーキングの解約数を上回る新規契約を取ってきていれば、コインパーキングの総数は増えるので、同社の売り上げや利益が急減することはない。

図4

パラカの売上高と経常利益の推移

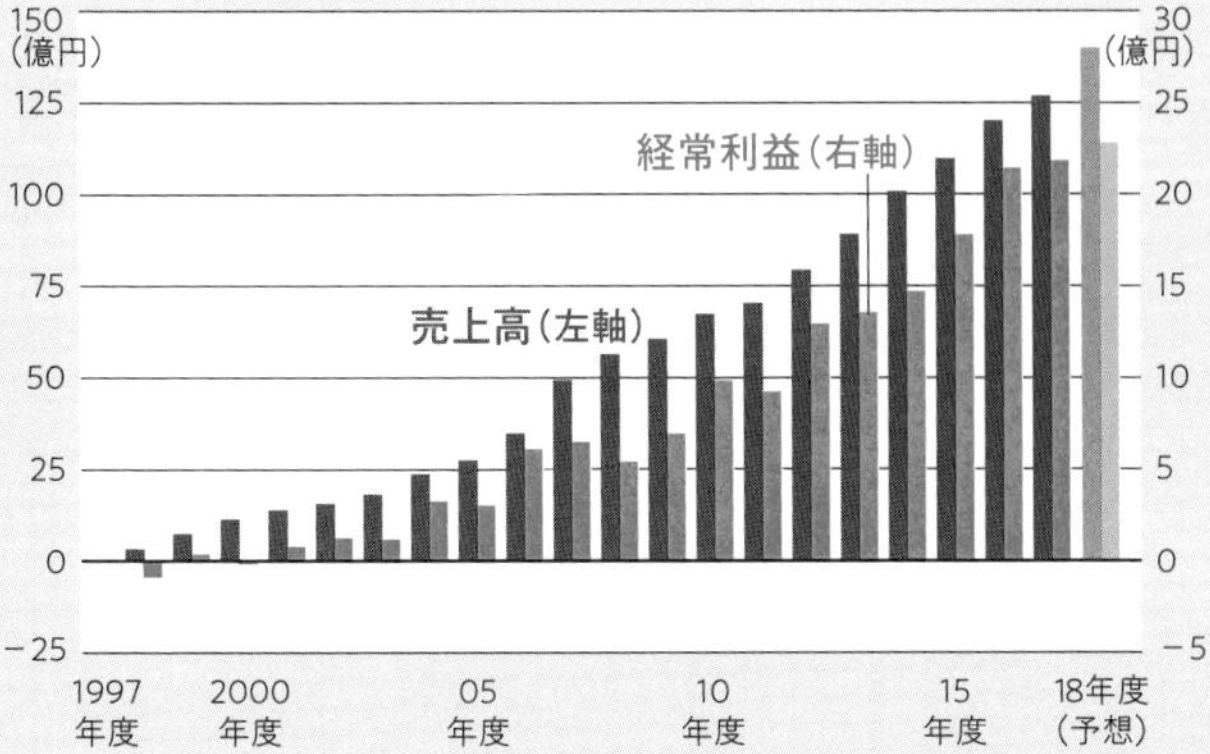

図5

パラカの株価推移

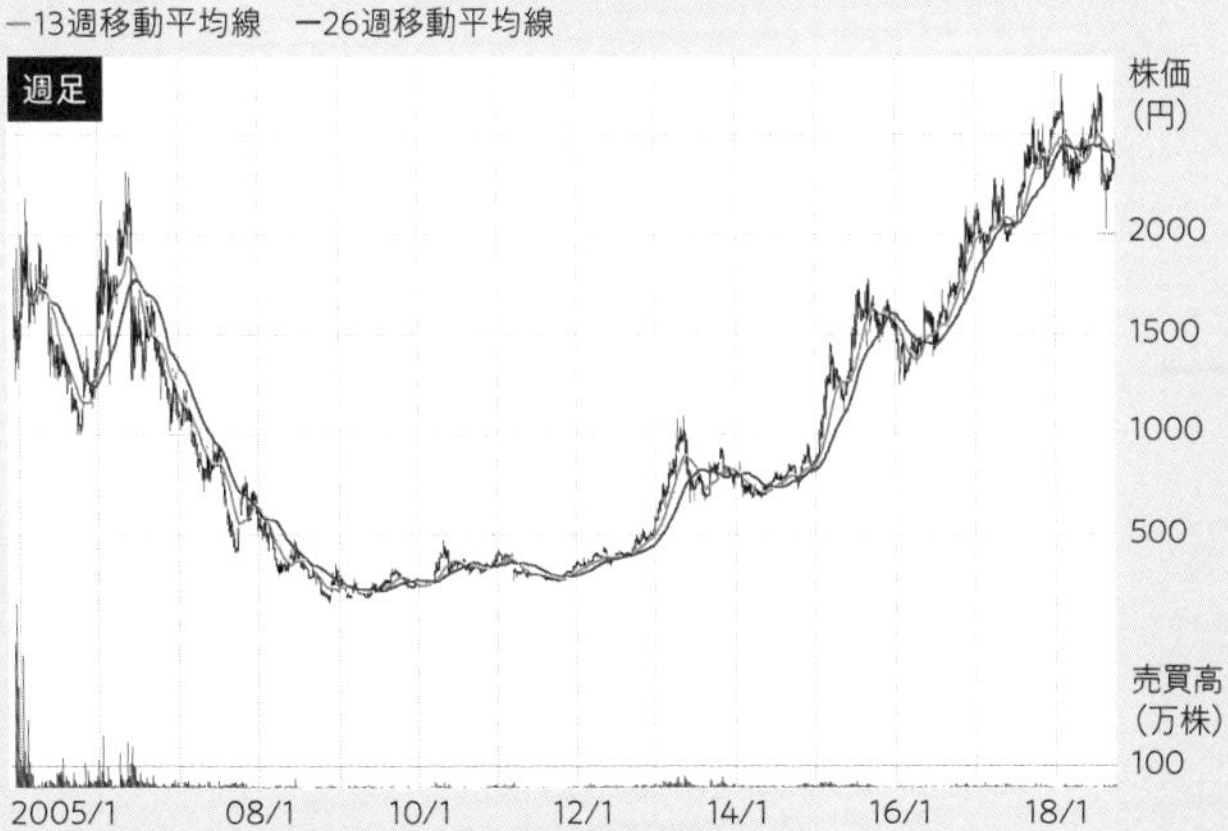

パラカのように**日常の営業努力がそのまま企業の成長につながる**ビジネスを展開する会社の株とそうでない会社の株とでは、投資の難易度が天と地ほど違ってくる。例えば、自動車販売では、いくら営業の努力をしても、自動車を売ったらまた次の新たな買い手を探さなければならない。すぐに買い手が見つかるとは限らず収入が不安定だ。景気の動向にも左右されやすい。私はパラカの株を08年のリーマン・ショック後の景気低迷期に購入して、大いに儲けた。

成長余地はまだ十分にあるのか。あるいは飽和に近いのか。ビジネスモデルに成長が組み込まれているか。それとも常に次の成長が課題となる企業なのか。**2つの観点から成長の継続性のウラを論理的に取る**ことが重要なのである。

POINT2

成長性の確認では3つの段階を踏む

PART1 つ 強みを知る

PART2 な 流れを知る

PART3 げ 原理を知る

PART4 よ 弱みを知る

PART5 う ウラを取る

「つなげよう」

会社員の人生を変えられる株式投資はその最有力手段

前ページまでで、「**投資初心者でも自分自身で銘柄選びができる**ように」という思いから私が考案した株式投資のフレームワーク「**つ・な・げ・よ・う分析**」の5つのスキルを一通り説明した。これらのスキルを強化すれば、思い付きや様々な情報に振り回される初心者の域を脱して、「自分が何をしているのか」を的確に理解した上でリスクとリターンをてんびんに掛ける中上級者以上の投資家を目指せるようになると自負している。

私自身は割安成長株投資を実践しているため、**割安成長株投資の手法に沿って5つのスキルを解説してきた**が、このフレームワークは恐らく**短期トレード**

やイベント投資（*）など、他の投資法でも利用できるはずだ。別の投資法を得意としている方々にも活用していただければ幸いである。

ところで、私は「つ・な・げ・よ・う分析」で、5つのスキルだけでなく、それらの頭文字を並べた**「つ・な・げ・よ・う」という名称にも複数の意味を持たせている**。この点を最後に説明しておきたい。

①身近な気付きをつ・な・げ・よ・う

まず改めて強調したいのは、**株式投資の対象や情報は、自分とは縁遠いところに存在するものではない**ことだ。第1章の「強みを知る」で詳述したが、むしろ、**あまりに身近過ぎて株式投資につながるとは思えないもの**にこそ、あなたが**最も有利な位置に立ち、最もリターンを期待できる投資の対象や情報**が潜んでいる。身の回りで起きている変化を敏感に察知できるようにアンテナを高めておくことが求められる。

＊＝株主優待の権利確定日やTOB（株式公開買い付け）といった特定のイベントに合わせて株価が動く現象を利用し、先回りして銘柄を売買して儲ける投資法

人々が行動を変えた時には、周辺に大化け株の候補が必ず潜んでいる。例えば、周囲の購入につられて米アップル製のスマートフォン「iPhone」を買っていたら、ついでにアップルの株（AAPL）も買っておけば、あなたは財産をかなり増やすことができただろう。

ガラケーからスマホへのシフトは、世界中の人々が体験した身近な変化である。しかし、この身近な変化を株式投資に結び付けることができた人はごくごく一部に限られる。あなたが目指すべきは、こうした**ごくごく一部の人の中に加わる能力を身に付けること**だ。**身近な変化に気付き、それを投資につなげようとする思考回路を作る**努力が、その第一歩になる。

なお、身近な変化を投資につなげられる頻度はせいぜい**1年に2～3度**だろう。「今日は張り切って身近な変化をいっぱい見つけるぞ！」と意気込んでもそうそう見つかるものではない。**日常の中で感心することや驚くことがあった時**、あるいは**家族、友人が興奮気味に何かを教えてくれた時**などに突然、投資のチャンスは訪れる。それを確実につかむための気付く力を磨くのである。

図1

スマホの普及で時価総額は世界一に

アップル（AAPL）の株価推移

株価 **220.42**ドル

PER（予想） **18.9**倍

PBR（実績） **5.89**倍

予想配当利回り **1.22**%

時価総額 **1**兆**646**億ドル

注：2018年9月26日時点

ー13週移動平均線　ー26週移動平均線

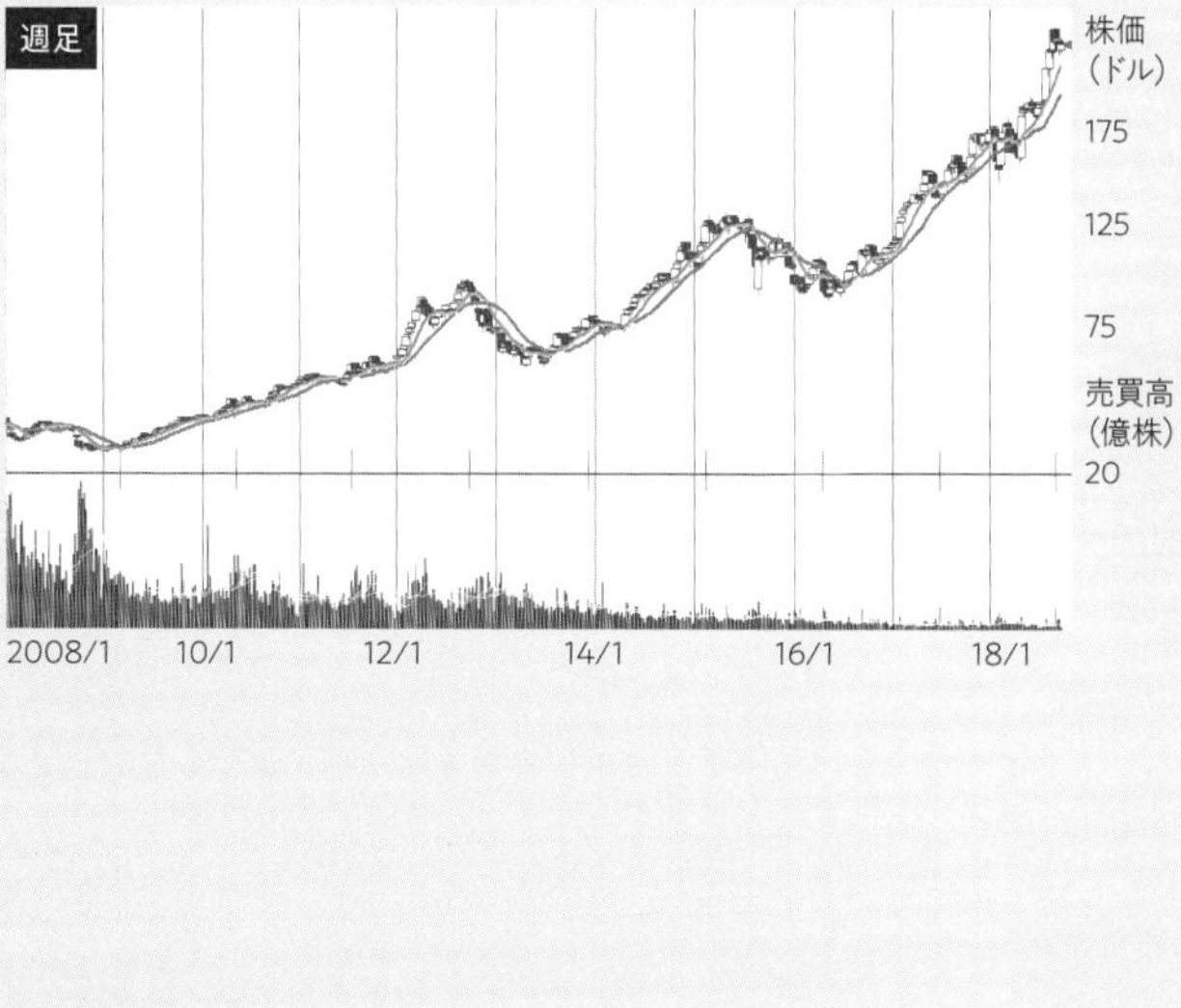

②5つのスキルをつ・な・げ・よ・う

次の5つの投資行動を読んで、あなたはどう思われるだろうか？

❶趣味の世界で面白い変化を見つけたから関連する株を買う
❷A社は今後3年間は順調に成長しそうなので、同社の株を購入する
❸大規模な金融緩和で相場の需給が好転したので、株を買う
❹自分は会社員なので、日中に株価を頻繁にチェックする必要のない長期投資を実践する。
❺詳細な財務分析をした結果、B社の株価は保有する資産に比べて著しく割安だと判明したので、同社の株を買う

これらは一見正しい投資行動に思われるが、まだ初心者のレベルだ。身近な**変化を株式投資につなげるだけでは十分ではない**。もし既に多くの投資家がその変化に気付いた後で、株価が著しく割高になっていたら、その投資は見合わ